Allgemeine Reisetipps

Die Nordsee

Insel-Info A–Z

Sehenswertes

Geschichte und Natur

Anhang

Roland Hanewald

Insel Spiekeroog

„Bevor ich irgend 'nen Jabbel kau,
Eß' ich doch lieber Kabeljau!"

Kulinarische Weisheit eines Spiekerooger Fischers

Impressum

Roland Hanewald
Insel Spiekeroog
erschienen im
Reise Know-How Verlag Peter Rump GmbH
Osnabrücker Str. 79, 33649 Bielefeld

2., komplett aktualisierte Auflage 2007

Gestaltung
Umschlag: G.Pawlak, P. Rump (Layout); G. Pawlak (Realisierung)
Inhalt: Günter Pawlak (Layout), Angelika Schneidewind (Realisierung)
Karten: Catherine Raisin und der Verlag
Fotos: Roland Hanewald (rh), Heino Behring (hb),
Hermann-Lietz-Schule (hls), Islandhof (ih), Reitstall Petschat (rp)
Titelfoto: Roland Hanewald
Bildbearbeitung: Becker Reprotechnik

Lektorat: Anja Fröhlich
Lektorat (Aktualisierung): der Verlag

Druck und Bindung: Media Print, Paderborn

ISBN 978-3-8317-1584-8
Printed in Germany

Dieses Buch ist erhältlich in jeder Buchhandlung Deutschlands, der Schweiz, Österreichs, Belgiens und der Niederlande.
Bitte informieren Sie Ihren Buchhändler über folgende Bezugsadressen:

Deutschland
Prolit GmbH, Postfach 9, D-35461 Fernwald (Annerod)
sowie alle Barsortimente
Schweiz
AVA-buch 2000, Postfach, CH-8910 Affoltern
Österreich
Mohr Morawa Buchvertrieb GmbH, Sulzengasse 2, A-1230 Wien
Niederlande, Belgien
Willems Adventure, Postbus 403, NL-3140 AK Maassluis

Wer im Buchhandel trotzdem kein Glück hat, bekommt unsere Bücher auch über unseren
Büchershop im Internet: www.reise-know-how.de

Wir freuen uns über Kritik, Kommentare und Verbesserungsvorschläge.
Alle Informationen in diesem Buch sind vom Autor mit größter Sorgfalt gesammelt und vom Lektorat des Verlages gewissenhaft bearbeitet und überprüft worden.
Da inhaltliche und sachliche Fehler nicht ausgeschlossen werden können, erklärt der Verlag, dass alle Angaben im Sinne der Produkthaftung ohne Garantie erfolgen und dass Verlag wie Autor keinerlei Verantwortung und Haftung für inhaltliche und sachliche Fehler übernehmen. Die Nennung von Firmen und ihren Produkten und ihre Reihenfolge sind als Beispiel ohne Wertung gegenüber anderen anzusehen.

610s Foto: rh

Reise Know-How im Internet

Aktuelle Reisetipps und Neuigkeiten
Ergänzungen nach Redaktionsschluss
Büchershop und Sonderangebote

www.reise-know-how.de
info@reise-know-how.de

Wir freuen uns über Anregung und Kritik.

Vorwort

Je mehr in der Welt alles drunter und drüber geht, desto eher empfindet man eine Oase wie die Ostfrieseninsel Spiekeroog als Hort der Stille und des Friedens, als Fluchtpunkt vor der Hektik des heutigen Daseins. Einen Flugplatz gibt es auf dem unbeeilten Eiland schon mal gar nicht. Kein Kraftfahrzeug verpestet die gute Seeluft, denn Autos müssen auf dem Festland bleiben. Selbst das Fahrrad bittet man zu Hause zu lassen. Die viel beschworene Mobilität des modernen Menschen spielt sich auf Spiekeroog zu Fuß ab; die geringen Abmessungen der Insel machen's möglich. (Ach ja – eine Eisenbahn gibt es. Sie wird von einem Pferd gezogen.) Außerdem bietet die Nordsee weitere Gelegenheiten mobil zu sein, indem man sich den Freuden des Schwimmens hingibt zum Beispiel. Das natürlich nur im Sommer. Aber gleich wie das Wetter ist: Von einem Aufenthalt auf Spiekeroog nicht gut erholt zurück zu kommen, erscheint unwahrscheinlich. Deshalb gilt die kuschelige Insel mit Wattensaum und Nordseestrand weiterhin als kleiner Geheimtipp unter Freunden des deutschen Nordens. Sachkenner halten sie für die reizvollste der sieben Ostfriesinnen. Ob das stimmt, finde man selbst heraus.

Dieses Buch soll eine kleine Hilfestellung dabei sein. Es bietet Reisetipps von der „Anreise" über „Gastronomie" und „Unterkunft" bis hin zu „Rundfahrten", „Sehenswertem" und „Unterhaltung". Ausführliche Kapitel zu Natur und Geschichte informieren über die Nordsee und die Spiekerooger. Naturliebhaber finden ebenso Wissenswertes wie Kurgäste, Strandurlauber, Familien oder Sportbegeisterte. Zahlreiche Exkurse zu interessanten Themen machen dieses Buch zu einem unterhalsamen Reisebegleiter. Schöne Tage auf Spiekeroog!

Roland Hanewald

Inhalt

Allgemeine Reisetipps

Die Nordsee

Insel-Info A-Z

Exkurse zwischendurch

Sehenswertes

Geschichte und Natur

Anhang

Kartenverzeichnis

020foe Foto: rh

001s Foto: rh

Allgemeine
Reisetipps
NEU 228

Anreise

Überfahrt mit der Fähre

Fährverbindungen

Der Abfahrtshafen nach Spiekeroog ist **Neuharlingersiel.** Die Route zur Insel hängt von den Gezeiten ab. Das heißt, dass die Fähre nur bei ziemlich hohen Wasserständen fahren kann und dass sich die **Abfahrtszeiten** infolgedessen täglich ändern. Auskunft darüber erhält man bei der Bahn (Kursbuchtabelle 10006, www.bahn.de). Ein Jahresfahrplan ist aber auch dem Info-Material beigeheftet, das man auf Anforderung von der Kurverwaltung Spiekeroog erhält (siehe „Insel-Info A–Z/ Adressen").

Ungünstige Wetterverhältnisse (Sturm, extremes Niedrigwasser, Eisgang) können kurzfristig Ausfälle nach sich ziehen oder **Fahrplanänderungen** nötig machen. Dies ist höhere Gewalt, für welche die Reederei nicht verantwortlich gemacht werden kann. Man rufe in Zweifelsfällen kurz vor der Anreise noch einmal bei der Schiffahrt Spiekeroog an und erkundige sich, ob eine solche Konstellation vorliegt.

002s Foto: rh

Achtung: Schiffsverbindungen **von einer Insel zur anderen** existieren nicht! Wer eine Nachbarinsel besuchen möchte, muss zunächst aufs Festland zurück, zum jeweiligen Fährhafen weiter und kann von dort per Schiff zur respektiven Insel übersetzen.

- **Kurverwaltung und Schiffahrt:** Tel. 04976-9193-101.

Fahrkarten

Bahnreisende können die Fahrt gleich bis nach Spiekeroog buchen. Die anderen Reisenden erhalten ihre Tickets im **Abfertigungsgebäude am Kai.** Dort sollte man sich eine Stunde vor Abfahrt der Fähre einfinden, damit noch etwas Zeit für die Transaktionen bleibt.

- **Öffnungszeiten:** Der Schalter ist Mo–Sa 9–12 Uhr sowie täglich (auch So und feiertags) eine Stunde vor der planmäßigen Fährabfahrt geöffnet. Im Winter geänderte Öffnungszeiten.
- **Info:** Neuharlingersiel: Tel. 04947-214.
Spiekeroog: Tel. 04976-9193-133.

Preise für Hin- und Rückfahrt:

Erwachsene	€ 20
Kinder 4–11 J.	€ 10
Fahrrad	€ 20
Hund	€ 20

Invaliden mit Ausweis B sowie deren Begleiter und Kinder unter vier Jahren fahren gratis.

Seite 10/11: Beschauliches Inselleben

Betrieb im Spiekerooger Hafen

Gepäck

In der offiziellen Spiekeroog-Broschüre wird die Behandlung des Gepäcks höchst unglücklich ausgedrückt. Dort heißt es: „Die Mitnahme von Reisegepäck auf die Fährschiffe ist aus Sicherheitsgründen nicht möglich (ausgenommen kleines Handgepäck)." Das klingt fast so, als müsse man auf der Inselreise auf jegliche Bagage verzichten. Gemeint ist aber, dass die verehrten Passagiere ihr größeres Gepäck (wie z. B. Koffer) in die vor der Fähre bereit stehenden **Container** stellen mögen. Das Fährpersonal packt dabei mit an. Man merke sich die Nummer des Containers, um seine Kiste bei der Ankunft gleich wieder zu finden. Dieser Service ist (für zwei Gepäckstücke) kostenlos.

Eine **Freihauszustellung auf Spiekeroog** ist möglich. Hierfür setze man sich mit der Spedition Oltmanns in Verbindung (Tel. 215). Zugreisende können Gepäck von weniger als 20 Kilogramm auch **per Bahn vorausschicken.** Beide Dienste sind natürlich kostenpflichtig.

Bei Ankunft stehen im Sommer zahlreiche **Wüppen** (zweirädrige Karren) der Gastgeber bereit, mit denen das Gepäck befördert werden kann. Zumeist sind die Wirte auch selbst zugegen, um den Gästen zur Hand zu gehen.

An Bord

Die **Fahrzeit** beträgt eine knappe Stunde, während derer man keine Sorge vor **Seekrankheit** haben muss. Die Fähren durchqueren nur das Wattenmeer und dort, wo die offene Nordsee kurzfristig sichtbar wird, beginnt schon wieder das geschützte Lee (die dem Wind abgekehrte Seite) von Spiekeroog. Bei wirklich heftigem Sturm wird der Fährverkehr ohnehin eingestellt. Nicht, um den Passagieren etwaige Schaukeleien zu ersparen, sondern weil das Fahrwasser sehr eng ist und die Kais unter Umständen überschwemmt und nicht mehr zugänglich sind.

Aber auch wenn es nicht gerade orkanhaft zugeht: Selbst der ganz normale **Nordseewind** kann Papiere und Kleidungsstücke von den Deckstüh-

003s Foto: rh

len auf Nimmerwiedersehen entführen. Man gebe Obacht und mache Kleidung und Handgepäck seefest.

Raucher dürfen sich auf dem Oberdeck betätigen - keine besonders gute Idee, denn Rauch, Asche und Glut wirbeln durch die frische Nordseeluft, landen in Augen und auf empfindlichen Textilien. Aber vielleicht wird man diese Praxis bei vermehrten Beschwerden ja noch abschaffen.

Auf den Fähren gibt es **Restauration.** Man muss also auch während der Seefahrt nicht Hunger und Durst schieben.

Unterwegs mit der Fähre

Anreise mit der Bahn

Eine Zeit lang hatte es so ausgesehen, als sollten die östlichen Inseln des Ostfriesischen Archipels von der Bahnverbindung abgekoppelt werden. Dann übernahm die neue **NordWestBahn** diverse Strecken und seither läuft wieder alles wie geschmiert.

Route

Südlicher Ausgangspunkt ist Oldenburg/Bremen. Auf der Route von dort nach Wilhelmshaven muss man in Sande in einen Zug der NWB umsteigen, der nach Esens fährt. An dessen Bahnhof wartet ein so genannter Bäderbus, der die kleine Reststrecke nach dem Fährhafen Neuharlingersiel übernimmt. Dieser Bus ist separat zu bezahlen; auch größeres Gepäck kostet extra.

Achtung: Sande ist ein sehr kleiner Bahnhof und man muss aufpassen, dass man nicht daran vorbeifährt!

Wegen der unregelmäßigen Abfahrtzeiten der Fähre muss man sich den **Anreiseplan gut zurechtlegen.** Man sollte immer eine Stunde vor Abfahrt der Fähre am Kai sein. Zumindest im Sommer sind aber alle Fahrpläne gut aufeinander abgestimmt.

- **Info:** Auskunft geben die Bahn und die Verkehrsgemeinschaft Friesland, Service-Tel. 01805-19449 für den Weser-Ems-Bereich und 04461-94900 bundesweit.
- **DB-Karten** (keine Sonderfahrscheine) und **DB-Platzreservierungen** am Hafen von Spiekeroog.

Zwischenstation

Ein Zwischenstopp in **Esens** ist immer lohnend. Denn dort gibt es die mächtige St.-Magnus-Kirche mit dem gotischen Sandsteinsarkophag des Ostfriesenhäuptlings *Siebet Attena* (gest. 1473) zu bestaunen und auch das schmucke Rathaus aus dem frühen 18. Jahrhundert sowie der alte Stadtkern sind sehenswert. Etwas neueren Datums ist ein Holarium, in dem man (in der ostfriesischen Provinz vielleicht recht unerwartet) u. a. „Transmissions- und Reflexionshologramme" bewundern kann. Und wer eine gute Tat tun möchte, wende sich an die Stiftung „Good Bears of the World" (Am Markt 2, Tel. 04971-4585), die Kinder in aller Welt mit Teddybären beglückt.

Auch der Abfahrtshafen **Neuharlingersiel** ist einen längeren Aufenthalt wert. Das Hafenbecken mit seinen Fischkuttern macht sich ausgesprochen malerisch. Gleich am Wasser befindet sich ein Buddelschiffmuseum, dem man ebenfalls einen Besuch abstatten sollte. Sogar eine sinkende „Titanic" in der Flasche gibt es hier zu bestaunen. Das Museum ist in der Saison täglich außer Di geöffnet.

004s Foto: rh

Anreise mit dem Auto

Zentrale Ansteuerungspunkte sind zunächst die Städte Wittmund oder Esens, von wo es nur noch ein Sprung nach Neuharlingersiel ist. Man richte seine dortige Ankunft so ein, dass noch etwa eine Stunde bis zur Abfahrt der Fähre verbleibt.

Leben ohne Lärm

Spiekeroog ist die **Insel der Stille.** Weder Tag noch Nacht werden hier von Motorenlärm zerrissen, kein Synthesizer-Gewummer zerdellt die zarte Mozart-Sonatine, die sich der Kurgast vielleicht als akustisches Dessert geleistet hat. Schon nach 24 Stunden dürfte die Erkenntnis reifen, dass es auf dem Festland ungleich lärmiger ist.

Allein vor der alltäglichen und von etwa der Hälfte der Bundesbürger als lästig empfundenen Lärmflut von fast 50 Millionen Kraftfahrzeugen gibt es kaum ein Entkommen. Ist dieser Dauerkrach normal? Wer die Frage bejaht, hat eigentlich bereits die erste Phase des **Krankseins** erreicht, von dem so viele Zivilisationsmenschen betroffen sind. Lärm gilt in Deutschland mittlerweile als Umweltproblem Nummer eins. Er massakriert nicht nur Innenohren – große Teile des deutschen Jungvolks sind bereits irreparabel schwerhörig, andere leiden am Dauerpfiff des Tinnitus. Lärm schwächt auch das Herz, schädigt das Immunsystem, treibt den Blutdruck hoch und steigert das Risiko für Magengeschwüre. Womöglich macht er sogar dumm, weil er auf den Geist geht, haben Wissenschaftler herausgefunden. Bei Kindern kann Lärm den Grundstein für lebenslange Gesundheitsprobleme legen, fügen sie hinzu. Die Liste der latenten Schädigungen ist lang und erdrückend.

„Friedhofsruhe" nennen manche Menschen, die Lärm mit Unterhaltung gleichsetzen, verächtlich die Verhältnisse auf Spiekeroog. Von der finalen Stille könnten sie bald mehr haben. Allein mit 2000 Toten durch Verkehrslärm rechnen amtliche deutsche Stellen pro Jahr.

Parken in Neuharlingersiel

Unmittelbar vor der Schiffsmole befindet sich ein **Tagesparkplatz,** von dem aus das Gepäck in die Container der Fähre umgeladen werden kann. Stehen lassen sollte man das Gefährt hier lieber nicht. Zum einen würde es während des ganzen Inselaufenthalts kräftig Knöllchen kassieren. Zum anderen könnte es geschehen, dass einem das Auto

Eine Lärmquelle gibt es allerdings auf Spiekeroog. **Düsenjäger** vom Luftwaffenstützpunkt Wittmund auf dem Festland ziehen schon mal über die Insel hinweg. Die Spiekerooger haben jede Menge Eingaben in Wittmund gemacht, das Ärgernis abzustellen. Es hat nichts genützt; die Militärs sitzen auf dem höheren Ross.

005s Foto: rh

Hier macht nur die Natur „Lärm"

vor Spiekeroog entgegen geschwommen kommt, denn der Anleger befindet sich vor dem Deich und ist mithin nicht sturmflutsicher. Außerdem richtet allein das salzige Sprühwasser sehr unerfreuliche Schäden an.

Abstellmöglichkeiten für das Automobil befinden sich in zwei (kostenpflichtigen) Garagen am östlichen Ortseingang von Neuharlingersiel (Cliener-Straat 1 und 16, Tel. 04974-284 und -386). Eine Stellplatzreservierung ist nicht erforderlich. Die Betreiber übernehmen auch den Bustransport zur Fähre (bis zu 10 Minuten vor Abfahrt), sofern man die kurze Distanz nicht zu Fuß gehen will (ca. 15 Minuten).

Anreise mit dem eigenen Boot

Der **Jachthafen Spiekeroog** bietet mehr als hundert Booten an Schwimmstegen Platz, wenn auch mit stark abnehmender Wassertiefe zum landseitigen Ende. An selbigem befindet sich auch das Abfertigungsgebäude mit Duschen und WCs. In den Ort sind es nur ein paar Minuten.

Im Sommer sind die Stege fast immer besetzt. Besucher legen ihre Boote dann im Päckchen an die Kade neben dem Fähranleger.

- **Auskunft:** Spiekerooger Segelclub, Tel. 230 und 680.

Anreise auf dem Luftweg

Spiekeroog hat als einzige ostfriesische Insel **keinen Flugplatz.** Wenn einmal ein Hubschrauber rattert, handelt es sich in der Regel um einen Notfall (die Evakuierung eines Kranken) oder den Besuch eines hohen Politikers, der natürlich nicht wie das Fußvolk anreisen darf.

Es gibt allerdings noch eine weitere Ausnahme. Wenn auf Grund einer echten **Notsituation** (z. B. schwerer Eisgang) für längere Zeit keine Fähren verkehren können, werden Hubschrauber unter

006s Foto: rh

Umständen eingesetzt, um Inselgäste aufs Festland zu fliegen.

Anreise zu Fuß

Vom Festland aus werden **keine Wattwanderungen zur Insel** unternommen. In umgekehrter Richtung aber schon, und zwar von ca. Mitte/Ende Mai bis ca. Mitte September zweimal monatlich nach Harlesiel. Zurück geht es dann mit der Fähre (€ 23 inkl. Schiff) von Neuharlingersiel. Diese Touren finden unter der Leitung wackerer Wattführer statt. Man hüte sich vor Unternehmungen auf eigene Faust. Erstens kann man leicht in die Ruhezone des Nationalparks hineinstreunen, was ungesetzlich ist. Und zum anderen ist die Möglichkeit, in Nebel und Hochwasser zu geraten, jederzeit gegeben – unter Umständen mit tragischem Ausgang!

Im Jachthafen ist immer etwas los

Die schönste Reisezeit

Zu welcher Saison es auf Spiekeroog „am schönsten" ist, darüber ließe sich natürlich endlos streiten. Zweifellos kommt der **Sommer,** so es sich zu einem fügt, den meisten Wünschen am ehesten entgegen. Doch das **Frühjahr** mit seinem vielen jungen Grün, dem blühenden Flieder und den bunten Wiesen hat auch etwas für sich, das manchen Naturliebhaber begeistern wird. Der **Herbst** mit seinen ersten Stürmen, den unvergleichbaren Lichteffekten und „nördlichen" Farben ist die Lieblingssaison des Autors. Wer's aber wirklich still haben und die einsame Atmosphäre einer gänzlich untouristischen Umwelt genießen möchte, der reise im **Winter** an. Dann bietet Spiekeroog auch häufig Bilder, die zu völlig anderen Erdgegenden zu gehören scheinen. Und hinzu gesellt sich das mögliche Abenteuer, bei schwerem Eisgang per Hubschrauber „evakuiert" zu werden – falls die fortschreitende Erderwärmung eine solche Kapriole einmal zulässt.

Aber was treiben eigentlich die **Spiekerooger im Winter?** Da sie im Sommer ja keine Zeit für den Urlaub haben, reisen nun ganze Scharen von ihnen auf die Kanaren-Insel Fuerteventura. Dort, in angenehm kurtaxfreier Umgebung, bei garantiert lachender Sonne und molligen Wassertemperaturen, können sie sich von den Strapazen der Hauptsaison frohgemut erholen, bevor der Stress daheim wieder von vorn losgeht.

Der Frühling ist besonders schön auf der Insel

007s Foto: rh

Unterkunft buchen

Gastgeberverzeichnis

Auf Anforderung bei der Kurverwaltung erhält man die Broschüre „Spiekeroog“, in der alle Herbergen aufgelistet und großenteils auch abgebildet sind. Ein Zahlkärtchen liegt bei, ohne Verpflichtung, aber weil ja ein Dienst geleistet wurde, sollte man auch dafür löhnen. Weitere Einzelheiten zu diesem Themenkomplex: siehe „Insel-Info A–Z/Unterkunft“.

- **Kurverwaltung:** Noorderpad 25 (oder Postfach 1160, PLZ 26474 bzw. 26466), Tel. 9193-101, Fax 9193-213, www.spiekeroog.de, E-Mail: info@spiekeroog.de.

Buchen

Hat man eine zusagende Bleibe gefunden, so kann man den ganzjährig erreichbaren **Zimmernachweis** anrufen und über diese Stelle einen Abschluss tätigen oder weitere Informationen einholen. Natürlich ist es auch möglich, **direkt beim**

076s Foto: rh

Vermieter anzurufen, was sich allemal empfiehlt, wenn die Zimmerspezis in der HS stark engagiert und schwer erreichbar sind. Die anschließende Übereinkunft findet ohnehin direkt zwischen Mieter und Vermieter statt; Zimmervermittlung und Kurverwaltung haben damit nichts mehr zu tun.

- **Zimmernachweis:** Tel. 04976-9193-225.

Preise

Spiekeroog ist eine **preiswerte Insel,** wie ein Blick in die genannte Liste gleich bestätigen wird. Heimtückisch klein Gedrucktes enthält sie nicht – mit Ausnahme der unseligen Endreinigung bei Ferienwohnungen. Mehr dazu unter „Insel-Info A–Z/ Unterkunft".

Im Allgemeinen wird bei den Preisen von einer minimalen **Aufenthaltsdauer** von vier Tagen ausgegangen. Ein kürzerer Verbleib rechtfertigt einen Aufschlag, was ja auch nur recht und (nicht immer) billig ist. An- und Abreise gelten als ein Tag.

So ein Zirkus!

Bei längerer Verweildauer begleicht man Rechnungen üblicherweise wöchentlich – aber daran wird einen die Frau Wirtin schon erinnern ...

Gastaufnahmevertrag

Mittels dieser Übereinkunft wird das **Mietverhältnis geregelt.** Der Gastaufnahmevertrag bedarf keiner speziellen Form. Bei Unterzeichnung der Mietbedingungen wird vorausgesetzt, dass man den Vertrag verinnerlicht hat. Im Fall Spiekeroog werden die aus ihm abgeleiteten Rechte und Pflichten kurz und bündig gehalten:

- Der Gastaufnahmevertrag ist abgeschlossen, sobald das Quartier bestellt und zugesagt oder, falls eine Zusage aus Zeitgründen nicht mehr möglich war, bereitgestellt worden ist.

- Der Gastgeber ist verpflichtet, die reservierte Unterkunft zur Verfügung zu stellen. Andernfalls hat er dem Gast Schadenersatz zu leisten.

- Der Gast ist verpflichtet, den vereinbarten oder betriebsüblichen Preis für die Vertragsdauer zu entrichten. Dies gilt auch, wenn das Quartier nicht in Anspruch genommen worden ist. Bei Nichtinanspruchnahme sind die vom Gastgeber ersparten Aufwendungen sowie die Einnahmen aus anderweitiger Vermietung des Quartiers anzurechnen.

- Der Gastwirt ist nach Treu und Glauben gehalten, die nicht in Anspruch genommene Unterkunft nach Möglichkeit anderweitig zu vergeben, um Ausfälle zu vermeiden.

- Gegen eventuelle Kosten aus dem Reiserücktritt oder Stornierung aus unvorhergesehenen Ereignissen empfiehlt sich eine Reisekostenrücktritt-Versicherung. Nähere Informationen erteilt Ihnen Ihre Versicherung oder jedes Reisebüro.

- Allgemein empfohlene Stornokosten bei Nichtinanspruchnahme einer gebuchten Ferienwohnung oder eines gebuchten Zimmers: 80 % der Gesamtmiete bzw. 60 % bei Unterkunft in Vollpension.

Die Kurpackung

Breite Angebotspalette

Spiekeroog ist **staatlich anerkanntes Nordseeheilbad** mit Kurmittelhaus, Therapiezentrum und Inselbad. Im Rahmen einer „offenen Badekur" sind auf dem Eiland verschiedene Kurbehandlungen möglich, die über die Kassen finanziert werden können. „Auch als Selbstzahler stehen Ihnen natürlich alle Anwendungen und Kurmitteleinrichtungen zur Verfügung", heißt es in der Spiekeroog-Broschüre zuvorkommenderweise. Als da sind:

- Meerwasser-, medizinische, Stanger- sowie an- und absteigende Teilbäder
- Massagen, (Unterwasser-, Bindegewebsmassagen)
- Fango- und Schlickpackungen
- Meerwasserinhalationen
- Heißluftbehandlungen
- Atemtherapie
- Kneipp'sche Anwendungen
- Kryotherapie, Eisbehandlungen
- Kranken-, Schwangerschafts- und Wassergymnastik

Noch über den zweifellos heilkräftigen insularen Aufenthalt hinaus werden also jede Menge gesundheitsfördernde Aktivitäten geboten. Aber wer bezahlt das alles?

Der Weg zur Kur

Als mögliche **Heilanzeigen** gelten chronische Katarre der Luft- und Atemwege, Bronchialasthma, Rachitis, Überempfindlichkeitsreaktionen, allergische Hautkrankheiten, Schleimhautreaktionen, Ekzeme, vegetativ-nervöse Herz- und Kreislaufstörungen, Erschöpfungszustände, Managerkrankheit, organische Leistungsminderungen, Wachstums- und Entwicklungsstörungen – ein ganz schönes Paket.

Um dessen Inhalt zu diagnostizieren, führt der erste Weg immer zum Arzt. Der stellt dem Patienten bei Bedarf eine **Kurempfehlung** aus, die an die Krankenkasse bzw. Privatversicherung weiterzureichen ist.

Bei Bewilligung und Anreise auf die Insel wende man sich an den dortigen **Kurdoktor** (siehe „Insel-Info A–Z/Arzt"). Mit Rezepten und dem Kostenübernahmeschein der Krankenkasse geht es dann im Kurmittelhaus oder bei einem privaten Anbieter weiter.

Eine Kur dauert mindestens **21 Tage.** Die bei einem kürzeren Aufenthalt eventuell notwendigen alternativen Maßnahmen sollte man zuvor mit dem Hausarzt absprechen.

Für **Heilbehandlungen** ist stets eine ärztliche Verordnung erforderlich. Alle anderen **Anwendungen** können ohne Rezept gebucht werden und private Zahlungen dafür sind freundlicherweise auch zugelassen.

- **Betriebspause:** Die Spiekerooger Kureinrichtungen machen normalerweise um die Januarmitte zwei Wochen Pause.
- Weitere **Informationen** auch über Tel. 9193-260 und E-Mail: kurmittelhaus@spiekeroog.de.

Kurtaxe

Dass man zu diesem Thema in der Spiekerooger Gastgeberliste einen langen Text bereitgestellt hat, deutet schon auf den üblichen **Erklärungsnotstand** hin, denn Nordseebesucher haben sich seit Jahr und Tag gegen den ungeliebten Obolus gewehrt. Wie freut den nach See, Sonne und Freiheit dürstenden Urlauber ein Satz wie dieser: „Die Daten der Kurbeitragspflichtigen werden aufgrund § 11 Abs. 1 Nr. 3 Buchstabe a NKAG mit § 93 AO erhoben"!

0085 Foto: rh

Vielleicht wird sich auch bei denen neuerlicher Unmut breit machen, die da erfahren, dass das Land Niedersachsen als Besitzer des Spiekerooger Hauptbadestrandes der Inselgemeinde pro Gast eine **„Strandbenutzungsgebühr“** abknöpft, die über die Kurtaxe eingetrieben wird.

Stern-Autor *Wolfgang Röhl* in Sachen Kurtaxe: „Wieso, bitte, haben Kommunen das Recht, Bürgern an öffentlichen Wäldern und Stränden Wegezoll abzupressen? Es ist, als würde man schon vor Betreten eines Lokals zur Kasse gebeten. Drinnen sei nämlich aufgeräumt.“

Auch diese schönen Dünen darf der Inselgast erst nach Entrichtung der Kurtaxe genießen

Strandpflege und andere „gastfreundliche Angebote“ hin oder her – ob sich die feudalistische Abgabenpraxis mit den Prinzipien der Europäischen Union verträgt, muss die nahe Zukunft zeigen. Und für die bislang in deutschen Gesetzen fest einbetonierte Taxe wird sich dann wohl ein neuer Name finden müssen.

Verwaltungsmäßig sorgt man schon dafür, dass die Taxe nicht etwa niedriger wird. Und wenn es mitunter so aussieht, ist der Eindruck trügerisch. Bei der vorliegenden Aktualisierung dieses Buches ist die NS-Taxe tatsächlich abgesenkt worden. Dafür wurde die Dauer der HS, einmalig im Nordseebereich, mehr als verdoppelt.

Die Kurtaxe ist bei der Kurverwaltung zu entrichten, sofern sie nicht schon bei der Buchung vorausbezahlt worden ist (wobei es einen Rabatt von 3 % gibt!). Im Gegenzug wird die **Kurkarte** ausgehändigt, die zu einer Anzahl von Vergünstigungen berechtigt. Man bewahre sie sorgfältig auf, denn bei Abfahrt wird auf der Fähre anhand des Enddatums geprüft, ob man auch die volle Kurtaxe gelöhnt hat. „Widrigenfalls“ ist dann nachzuentrichten!

• **Spiekerooger Kurtaxe (€/Tag):**	HS[1)]	NS[2)]
Kinder und Jugendl. 6–17 J.	1,10	0,40
Erwachsene	2,50	1,00

[1)] HS = 23.3.–4.11.
[2)] NS = 1.1.–7.1., 16.2.–23.3. und 4.11.–31.12.
Die übrige Zeit ist dankenswerterweise kurbeitragsfrei.

Das jeweils erste Datum gilt für den Anreise-, das zweite für den Abreisetag. Überschneidungen sind deshalb nur scheinbar.

Die hier aufgeführten Daten gelten für das Jahr 2007. Der Broschüre „Spiekeroog“ kann man die Änderungen für das jeweilige Folgejahr entnehmen.

009s Foto: rh

Die Nordsee

Drang zum Meer

Psychologisch erklärt sich der einem Großteil der Menschheit innewohnende Drang zum Meer mit dem kollektiven Unbewussten, den dunklen Abgründen der Seele und der nie nachlassenden Sehnsucht nach der Geborgenheit der Tiefen des Fruchtwassers – so stellte es jedenfalls der Psychologe *Jung* dar.

Modernere Interpreten sehen eher einen Hang der Dotcom-Gesellschaft, ihre vom Alltag bedrohte Persönlichkeit am Meer zu reparieren, vor sauberer Kulisse die Selbstdarstellung zu pflegen und das Ego zu stylen.

Das alles klingt ziemlich nach ödipalem Quark, ist aber, bestimmt nicht ohne Berechtigung, vornehmlich auf Mittelmeer-Reisende gemünzt. **Nordseeurlauber,** räumen die Fachleute hingegen ein, schätzen eher das Weite und die Einsamkeit. Sie lassen sich einfangen von der maritimen Atmosphäre und dem Rhythmus der Gezeiten. Sie sind wenig leistungsbetont und wollen keine Gipfel erstürmen (zumal keine da sind), sich nicht den Elementen entgegenstemmen oder sie gar besiegen, sondern sich von ihnen emotional tragen lassen – wieder ein Anklang an den mütterlichen Fruchtkorb. Vor allem gelten sie aber als unbestechliche Beobachter der Umweltverhältnisse. Strand- und Badeurlauber, haben Wissenschaftler ermittelt, finden am ehesten Gründe zu Unzufriedenheit, sehen jede Fliege an der Wand.

„Jo, jo", würde ein knarziger Spiekerooger Fischersmann wohl dazu sagen. Aber angesichts von **16 Millionen** jährlich an die See reisenden Bundesbürgern (Zahl steigt beständig), wird er mit diesen Botschaften und diesem Gästetypus leben müssen. Was ja auch nicht das Schlechteste ist.

Seite 30/31: Weite und Einsamkeit

Land und Meer

Weichsel-Eiszeit

„Vor 12.000 Jahren lag Spiekeroog im Binnenland", beginnt ein Buch über die Insel, um im nächsten Absatz fortzufahren: „...zu dieser Zeit existierte das Eiland noch nicht, ebensowenig wie die ostfriesischen Nachbarinseln."

Wenn man sich einer etwas originellen Sichtweise befleißigt, stimmt das so. In der Tat wies die Nordsee zum damaligen Zeitpunkt mit mehr als 100 Metern unter dem gegenwärtigen Nullniveau einen extrem **niedrigen Pegel** auf. Schuld war die Weichsel-Eiszeit, die letzte von mindestens acht Kälteperioden, durch die große Mengen ozeanischen Wassers gebunden wurden. Auch hatte das Land noch nicht die massive Senkung erfahren, die bald folgte. Die nördliche Küstenlinie der Nordsee zog sich von Mittelengland bis zum Skagerrak hinüber. Wunderliche Urviecher bewohnten diese **wilde Tundra,** wie Knochen- und Zahnfunde in den Schleppnetzen heutiger Fischer wiederholt unter Beweis stellen. Und bald kam auch schon der Mensch. Er hinterließ ebenfalls dort Spuren, wo heute die Nordsee flutet.

Weiter zurück

Die Anfänge „unserer" Nordsee sind natürlich nicht erst vor ein paar Millennien zu suchen. Schon vor 250 Millionen Jahren dehnten sich in diesen Breiten Gewässer aus, die man Vorläufer des „deutschen Hausmeeres" nennen darf, auch wenn sie ganz anders aussahen als heute. Im **Thetis-Meer** der oberen **Trias- und Juraperioden** waren bei tropischen Temperaturen noch seltsamere Großtiere als vor 10.000 Jahren daheim, namentlich gewaltige Saurier, drachenartige Kreaturen und klobige Riesenfische.

Danach nahm das lebensfrohe Treibhaus wiederholt wüstenhaften Charakter an und die exotische Fauna und Flora verschwand. Die Schelfmeere (Flachmeere entlang der Küste) trockneten aus und hinterließen die ausgedehnten **Salzstöcke,**

010s Foto: rh

die heute der Norddeutschen Tiefebene unterliegen und sich als so praktische Lager für Atommüll anbieten – wobei es einem im Rückblick auf die enormen geologischen Umwälzungen der Vergangenheit eigentlich sehr mulmig werden sollte ...

Land und Meer sind eine Einheit

Neue Erwärmung

Nach dem oben genannten Datum vor ca. 12.000 Jahren begann es auf der Erde wieder wärmer zu werden. Das auf dem Festland lagernde Eis schmolz und auch die Polkappen begannen abzutauen. Die trocken liegenden Senken der Nordsee füllten sich in mehreren rasch aufeinander folgenden Schüben mit Wasser und schon vor 8000 Jahren bildete sich in groben Konturen das **heutige Küstenprofil** heraus.

Etwa 2000 bis 3000 Jahre später brach die See durch eine alte Gletscherrinne im europäischen Westen und der **Ärmelkanal** entstand. Zu jener Zeit lag der Pegel der Nordsee nur noch wenige Meter unter dem heutigen Niveau.

Entstehung der Inseln

Da Spiekeroog einst „im Binnenland" lag, mag man mutmaßen, dass es als größerer Hügel bei steigenden Wassern letztlich Inselcharakter annahm. Doch das ist nicht der Fall. Als sich vor einigen tausend Jahren die Küstenkonturen der südlichen Nordsee herauszuschälen begannen, waren die Inseln noch gar nicht vorhanden.

Wann genau sich hier die ersten Sandbänke bildeten, aus denen sie hervorgehen sollten, lässt sich in dem ständigen Änderungen unterworfenen Vorküstenbereich nicht mehr rekonstruieren. *Wie* sie entstanden, ist jedoch durchaus bekannt:

Die Nordsee selbst baute sie auf. **Sandkorn für Sandkorn** spülte sie der Küste entgegen, bis sich eine lange Kette von Bänken bildete, die wahrscheinlich dem gesamten Festland vorgelagert war. Aus den „stärksten" dieser Sandbänke wurden, sozusagen durch natürliche Auslese, allmählich Inseln. Dünen entstanden und Vegetation siedelte sich an. Die lang gezogene west-östliche Ausrichtung der Inselkette blieb, begünstigt durch die vorherrschenden Wind- und Strömungsrichtungen, bis auf den heutigen Tag erhalten.

Und nicht nur das. Alle **Eilande „wandern"** langsam nach Osten, Spiekeroog nicht ausgenommen. Keine Angst: Sie laufen nicht davon. Die

Menschen, die sie heute bewohnen, und die mit dem Küstenschutz betrauten Behörden tragen Sorge, dass dies nicht geschieht. Doch angesichts des wieder steigenden Meeresspiegels ist das eine Aufgabe, die viele Generationen beschäftigt halten wird.

Spiekerooger Anfänge

Um die Zeitenwende mag Spiekeroog, wie erwähnt, eine bessere Sandbank gewesen sein; die damaligen Geschehnisse sind heute nicht mehr

Bernstein von Brikettformat

Ein weit verbreiteter Irrtum ist die Annahme, Bernstein sei nur im Ostseebereich zu finden. Zwar ist es schon richtig, dass dort die weltgrößten **Vorkommen** (geschätzte vier Milliarden Tonnen) existieren. Aber die gelben, braunen und schwarzen, mitunter sogar blauen „Steine" gibt es auch anderswo, so zum Beispiel im Baskenland, in der Dominikanischen Republik, in Jordanien, den USA – und an der Nordsee.

Der Bernstein in Nord- und Ostsee kam mit den **Eiszeiten** zu uns. Er ist an die 50 Millionen Jahre alt und tropfte einst als **Harz** von tropischen Baumriesen im heutigen Skandinavien und Westrussland, um sich letztlich im glazialen Eis zu einer steinartigen Substanz zu verhärten.

Unsere frühen Vorfahren im alten Germanien handelten bereits intensiv mit dem Stoff, denn Bernstein war bei den Mittelmeervölkern als **Schmuck** sehr beliebt und wurde teuer bezahlt. Für ein besonders schönes Exemplar erhielt man damals einen kompletten Sklaven ...

Für die im Spiekerooger Inselmuseum ausgestellten Brocken hätte man wohl eine ganze Schar von Knechten erstehen können. Die kiloträchtigen Kaventsmänner hat man direkt am Strand gefunden, aber als etwas Besonderes galten sie vor Ort nie. In der Tat deutet der Name auf etwas Brennbares hin („Brennstein") und es war früher üblich, dicke Fundstücke als profanes **Feuerungsmaterial** zu benutzen. Auch im erhärteten Zustand brennt das alte Harz vorzüglich und es war deshalb auf den brennstoffarmen Inseln insofern weitaus beliebter als für banale Schmuckzwecke.

Die Möglichkeit, auch heute noch auf „Brennsteine" zu stoßen, ist jederzeit gegeben. Sie müssen ja nicht unbedingt von Brikettformat sein. Man halte an der **Hochwasserlinie** Ausschau, denn Bernstein ist spezifisch leicht und lagert sich dort am ehesten ab. Einen Sklaven wird man dafür nicht mehr erhalten, ja nicht einmal ein paar Euro (dafür gibt es in den Ostseelagerstätten einfach zu viel). Wirklich wertvoller Bernstein ist von höchster Qualität oder weist – mit einem Wahrscheinlichkeitsfaktor

nachvollziehbar. Doch die **Insel wuchs** allmählich zu immer größerer Gestalt heran.

Zur Zeit ihrer Besiedlung im 14./15. Jahrhundert (siehe Kap. „Geschichte und Natur/ Geschichte") hatte sie noch ein ganzes Stück weiter westlich gelegen und war von zwei kleineren Eilanden eingerahmt: **Lütjeoog** im Südwesten und **Oldeoog** im Osten, die ursprünglich aber auch Teile der Hauptinsel gewesen sein dürften. Diese Satelliten verschmolzen von 1650 bis 1780 wieder mit der

von eins zu einer Million – Einschlüsse von **Pflanzen** oder **Insekten** auf. Solche Präziosen liegen nicht einfach am Strand herum, wie man sich denken kann.

● Die besten Chancen für interessante Bernsteinfunde hat man in Esens auf dem Festland. Das dortige **Bernstein-Huus** (Herdestr. 14, Tel. 04971-2278) verfügt über eine stattliche Sammlung und schöne Stücke in feiner Verarbeitung kann man dort auch kaufen.

011s Foto: rh

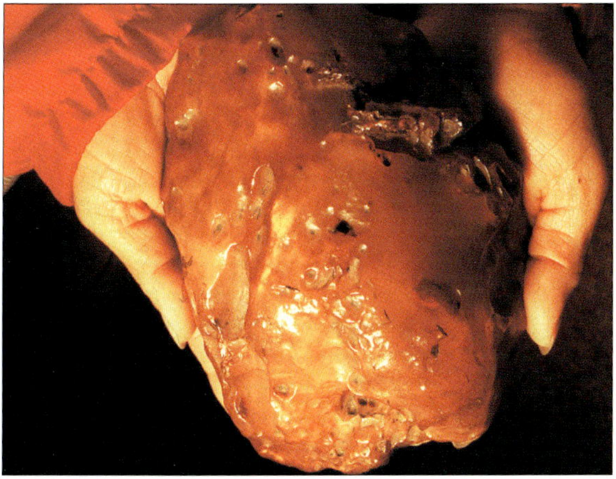

Bernsteinbrocken im Inselmuseum

Mutterinsel, die dadurch erheblich an Substanz gewann. Das einstige Lütjeoog ist heute noch in Gestalt der so benannten Dünen im Südwesten Spiekeroogs erkennbar.

Von dieser Zeit an kann die Entwicklung der Insel auch einigermaßen rekonstruiert werden. Währenddessen hielt die **Ostwanderung** (in diesem Fall besser: „Ostausdehnung") Spiekeroogs unvermindert an, was im 17. Jahrhundert zu einem kuriosen Ereignis führte ...

Die Goldene Linie

Spiekeroogs östliche Nachbarinsel ist Wangerooge. Um dieses Eiland entwickelte sich zwischen den Fürsten Ostfrieslands und Oldenburgs ein langes Gezerre, das erst im Jahre 1666 endgültig zu Gunsten des mit Oldenburg verbandelten Hauses Anhalt-Zerbst entschieden wurde. Der Wichtigkeit dieses historischen Urteils gemäß wurde die **Grenze zwischen Wangerooge und Spiekeroog** mit äußerster Genauigkeit vermessen. Man brachte sogar ein ganz neues Kartografiersystem zum Einsatz. Die resultierende Mittellinie wurde in blankem Gold in die Karten eingetragen. Sie hieß hinfort „Die Goldene Linie" und sollte „für ewig und immerdar" gelten. Nur an die unaufhörliche Ostbewegung der Inseln hatte man nicht gedacht. Schon bald hatte sich Wangerooge davongemacht und Spiekeroog kam hinterhergeflossen. Deshalb zog sich die goldene Linie bereits wenige Jahre nach ihrer Eintragung durch den Ostteil Spiekeroogs und machte das ganze Schema zunichte. So viel nur zum Ewigkeitswert politischer Erklärungen ...

Weiteres Wachstum

Der Wachstumsprozess Spiekeroogs hält bis in die Gegenwart an. 1860 war die Insel sechs Kilometer lang und etwa so groß wie das jetzige Baltrum. Heute misst sie über zehn Kilometer und ihre Bodenfläche beträgt ansehnliche 18 Quadratkilometer, von denen 15 fast gleichteilig auf Strand, Dünen und Salzwiesen entfallen.

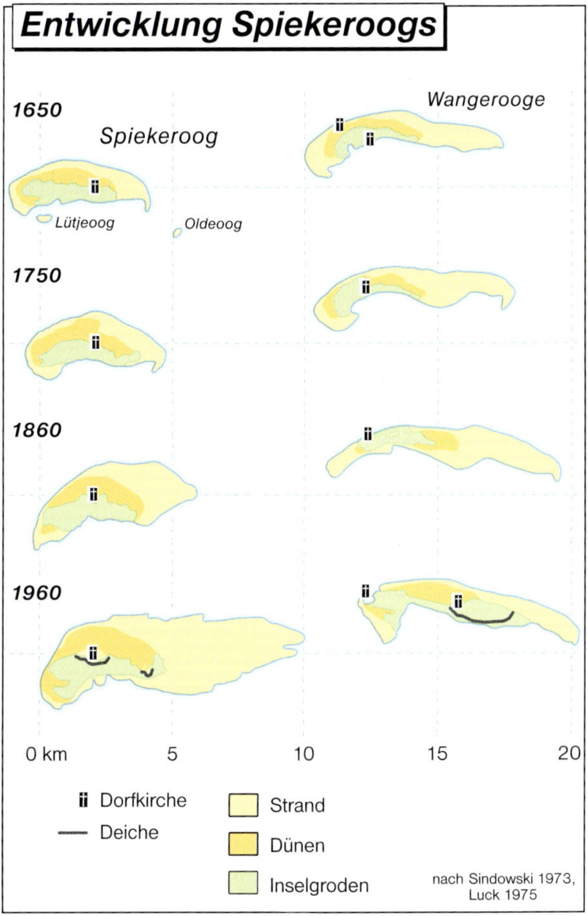

Die Ursachen liegen in der seit dem 17. Jahrhundert zu beobachtenden Verlandung der festländischen **Harle-Bucht** und der deshalb immer schwächer werdenden Ebbströme, die kaum noch Sand vom Ostende Spiekeroogs abtrugen. Die spätere Eindeichung der Harle beschleunigte diese Vorgänge nur noch. Heute ist von dem einstigen Riesenloch in der Küste, abgesehen von dem gleichnamigen Flüsschen, nichts mehr vorhanden.

Gleichwohl blieb der eigentliche Inselsockel Spiekeroogs trotz der Erdbewegungen seit dem Mittelalter relativ stabil, beinahe so, als ob sich alles um ihn drehte. Das heutige Inseldorf steht immer noch auf dem **alten Ortskern** und dort wird es trotz zu erwartender Sturmfluten wohl auch noch lange bleiben.

Sturmfluten

Die großen Sturmfluten der Nordsee verschonten natürlich auch Spiekeroog nicht. Namentlich die **Allerheiligenflut** vom 1. und 2. November 1570 ließ das Eiland arg zerrupft zurück. Was frühere Fluten auf Spiekeroog anrichteten, ist nicht aufgezeichnet.

012s Foto: rh

Die böse Petriflut von 1651, die beinahe Juist zerstörte, ging glimpflich vorüber. 1676 und 1683 kam es hingegen zu schweren Schäden auf der Insel und die Megaflut vom 25. Dezember 1717, die dem benachbarten Langeoog um ein Haar den Gnadenstoß versetzte, nahm auch Spiekeroog schwer mit. Dann wurde die Insel erneut am 25. November 1736 und ebenfalls im Februar 1825 heimgesucht.

Schon 1873 mussten am Westkopf Spiekeroogs die ersten **Buhnen** angelegt werden, um den Strandsaum zu schützen, denn die anbrechende Neuzeit ging keineswegs mit einer Schwächung der Gewalt der See einher. 1894 sackte die „Givtbude", ein Restaurant am westlichen Dünenrand, nach Unterspülungen in sich zusammen und 1906 griff der Blanke Hans (die stürmische Nordsee) sogar nach den Häusern im Inselinneren. Auch 1936 kam es zu schweren Schäden.

Doch der wahre Hammer war die Orkanflut vom **16./17. Februar 1962,** zu deren Höhepunkt nur noch etwa 15 Prozent der Inselfläche aus den tobenden Wassern ragten. Die wieder aufgebaute Givtbude purzelte endgültig in die Fluten und die meisten Häuser des Dorfes trugen ebenfalls Schäden davon. Menschliche Opfer waren gottlob nicht zu beklagen. Besonders schlimm war aber die Zerstörung der insularen Vegetation durch das Salzwasser. Es dauerte lange Jahre, bis sich der Baumbestand der Insel wieder erholen konnte.

Nötige Deiche

Die höheren Deiche und verstärkten Uferbefestigungen der Moderne sollen Schäden von katastrophalem Ausmaß vermeiden helfen. Sie sind aber auch nötig. Nicht nur der **Meeresspiegel steigt,** und sogar rascher als allseits befürchtet – jeder Schlot und jeder Auspuff trägt dazu bei. Auch die **Zahl und die Gewalt der Stürme** nimmt nach Ansicht vieler Fachleute zu.

Das alles ist kein Grund zur Furcht oder gar zur Stornierung einer Inselreise. Ganz im Gegenteil: Einmal einem richtigen Nordseeorkan beizuwohnen, ist ein exquisites Erlebnis, das einem die irdischen Größenordnungen so recht vor Augen führt. Aber man sollte sich immer warm angezogen halten.

Ebbe und Flut

Weltweite Gezeiten

Es gibt Leute an der Waterkant, der „Wasserkante" also, die davon überzeugt sind, dass Ebbe und Flut nur an der Nordsee anzutreffen seien. Alle jene, die an diese Mär glauben, haben offenbar noch die Überlieferungen der alten Griechen und Römer im Kopf, die um die Zeitenwende die Nordseeküste bereisten und sich über das „atmende Meer" wunderten. Im **Mittelmeer** sind die Auswirkungen der Gezeiten nämlich recht schwach und großflächig trocken fallendes Land kennt man dort nicht (mit Ausnahme einiger kleiner Areale in den Lagunen von Venedig).

Anderswo auf der Erde aber durchaus. Fast überall ist das bewusste „Atmen" zu beobachten und zumeist ist es sogar viel ausgeprägter als an der Nordsee, die als Randmeer des Atlantischen Ozeans lediglich so genannte Mitschwingtiden aufweist. Gegen die enormen **Tidenhübe des Nordatlantiks** nehmen sich jene der Nordsee ausgesprochen bescheiden aus. Und selbstverständlich gibt es Ebbe und Flut auch auf der **Südhalbkugel.**

013s Foto: rh

Einfluss des Mondes

Ausgelöst werden die globalen Wasserbewegungen primär durch die Anziehungskräfte des Mondes. Die Sonne und andere Himmelskörper wirken sich ebenfalls aus, jedoch in wesentlich schwächeren Dimensionen.

Niedrigwasser

„Auch die Menschheit bewegt sich nach den Gesetzen von Ebbe und Flut", beobachtete 1830 **Heinrich Heine,** „Hofdichter" der Nordsee, „und vielleicht auch auf die Geisterwelt übt der Mond seine siderischen Einflüsse." Zu jenem Zeitpunkt war der Einfluss der Gestirne auf die Ozeane bereits seit längerem bekannt. *Heine* wusste mithin, wovon er redete, als er den Mond mit den Gezeiten in Verbindung brachte.

Zwar hatten schon die mediterranen Besucher dieser Gefilde spekuliert, dass es entsprechende Zusammenhänge gäbe. Doch die Sache geriet im Zeichen **katholischer Wissenschaftsfeindlichkeit** ins Abseits (jedenfalls in Europa), bis *Kopernikus, Kepler* und *Newton* sie viel später wieder hervorkramten. Andere Völker dürften schon längst Bescheid gewusst haben.

Zeitliche Verschiebung

Falls der Mond, wie die Erde um die Sonne, in 24 Stunden um unseren Planeten rotieren würde, träten die Gezeiten jeden Tag zur gleichen Zeit ein. Da es sich jedoch um knapp 25 Stunden handelt, kommt es zu einer zeitlichen Verschiebung, die sich täglich bemerkbar macht. Die Tiden, von „Hoch- bis Niedrigwasser", treten in Abständen von **12 Stunden und 25 Minuten** auf, sind also jeden Tag ein Stück versetzt.

Tidentabellen, Fahrpläne und dergleichen müssen deshalb sehr umständlich vorausberechnet werden. Die Computertechnik macht es heute möglich, nicht nur die jeweiligen Zeitpunkte, sondern auch die Wasserstände recht präzise zu prognostizieren, aber ein persönlicher Einblick in die Abläufe kann nicht schaden.

Gezeitenkunde

Auf einer Insel, deren Anfahrtsplan von den Gezeiten abhängt, ist etwas Wissen um Ebbe und Flut natürlich ganz nützlich. Auch wer sich auf Wattwanderung begibt, sollte sich insofern nicht allein auf den „staatl. gepr." Wattführer verlassen, sondern selbst ein wenig mitreden können. Das

Gleiche gilt für den Segler, der wissen muss, wie die Strömungen setzen und wann Hoch- und Niedrigwasser ist.

In der Regel liegen dazwischen auf Spiekeroog maximal etwa 2,40 Meter. Dies ist der so genannte **Tidenhub,** der bei Sturmfluten ein paar zusätzliche Meter erreichen kann. Auch der Zeitplan verschiebt sich dann.

Wichtig ist diese Kenntnis ebenfalls für Schwimmer, denn wenn „die Tide kippt" und die Ebbe einsetzt, beginnen sich kräftige **Strömungen** bemerkbar zu machen. Zwar nehmen einem am bewachten Strand die *Baywatchers* diese Sorge ab. Aber halt nur zu offiziellen Badezeiten.

- **Literaturtipp:** Nützliche Ratschläge bietet der im Reise Know-How Verlag in der Reihe Praxis erschienene Titel „Sicherheit im und auf dem Meer" von *Matthias Faermann.*

Tidenkalender

Auskunft über die Gezeiten gibt der Tidenkalender, der in den **Aushängen** einsehbar ist oder bei der Verwaltung erfragt werden kann.

Wind und Wetter

Ewiger Westwind

Bäume und Sträucher auf Spiekeroog stehen allesamt in Richtung Osten geneigt und bezeugen damit, dass es auf der Insel vorherrschend von Westen weht. Dies hat seine Ursache in **Tiefdruckgebieten,** die mit Vorliebe über die Nordsee oder etwas nördlich von ihr hinwegziehen. Und da sich der Wind um ein Tief auf der Nordhalbkugel grob betrachtet gegen den Uhrzeigersinn dreht, kommt es auf dessen Unterseite zu Luftbewegungen aus westlichen Richtungen.

Selbige sind „typisch" für die Nordsee und Teil der so genannten **Westwindtrift,** die während großer Teile des Jahres das Wettergeschehen dominiert. Und da ihre Ursprünge über dem gar nicht so fernen Atlantischen Ozean liegen, führt sie immer einiges an Niederschlägen mit sich, ohne die es im deutschen Norden nicht abzugehen scheint.

Wegen dieser Verhältnisse erkennt man schon weit im Vorfeld, **wenn sich ein Tief nähert.** Der Wind weht dann zunächst aus Süd oder Südwest und auf Spiekeroog weiß jeder Insulaner - auch ohne Fernseh- und Radioansage -, dass eine Wetterverschlechterung ins Haus steht und der „Friesennerz" (Regenkleidung) ausgepackt werden muss.

Andererseits stellen sich nach Vorüberzug dieser lokalklimatischen Abfolge in der Regel nördliche Winde mit **Wetterbesserung** ein, und wenn alles gut geht, baut sich sogar dicker Hochdruck auf und die Sonne lacht wieder.

„Wenn alles gut geht"

Bisweilen scheinen unsere **Wetterfrösche** geradezu Schadenfreude dabei zu empfinden, dass überhaupt nichts gut geht. Zitat aus dem Repertoire des Deutschen Wetterdienstes Offenbach: „Die nächste Woche bringt uns voraussichtlich typisches 30-Grad-Sommerwetter - 16 Grad Luft- und 14 Grad Wassertemperatur." Vielleicht wollen die Lieben aber auch nur mittels fröhlicher Fernsehgesichter Gutwetter machen. „Kollegin Horneffer weiß den Mund sehr neckisch zu schürzen, wenn der Regen kommt", so der „Spiegel". Auch gilt es wohl, das frierende Publikum munter scherzend („pieselnde Blumenkohlwolken") zu trösten und somit der Bestrafung des Boten mit der schlechten Nachricht nach antikem Muster zu entgehen, wenn der angekündigte „Brüllsommer" mal wieder ausbleibt, dessen Prognose man angesichts des florierenden Treibhauseffekts schon im Januar zu wagen sich befähigt fühlte - wird schon gut gehen.

Treibhauseffekt

Eine Garantie dafür kann aber auch in Zukunft nicht gegeben werden. Es besteht überhaupt kein Zweifel mehr daran, dass der bewusste Effekt das ganze globale Klima umkrempelt und es auf Erden immer wärmer werden lässt. Auch, dass das Dilemma großenteils **menschengemacht** ist, gilt als erwiesen.

Die internationalen „Klimakonferenzen" und „Protokolle" sind nur noch **politische Schein- und Rückzugsgefechte,** die an der Entwicklung, nämlich einem weltweiten Temperaturanstieg von 1,4 bis 5,8° C in den nächsten hundert Jahren, so gut wie nichts ändern werden – die jeweilige nationale Wirtschaft ist wichtiger als ein paar niedrig gelegene Küstenstriche.

Als erster Archipel wird bereits der pazifische Inselstaat Tuvalu **vom steigenden Seepegel überflutet** und wie ein sinkendes Schiff evakuiert. Andere Inseln, eines fernen Tages auch wohl die ostfriesischen, werden folgen. Terror hat viele verschiedene Gesichter ...

Im Gegensatz zur Wettervorhersage darf man also schon heute voraussetzen, dass das prognostizierte **Horrorbild** eintreffen wird. Wie sich die Auswirkungen regional gestalten werden, bleibt jedoch völlig offen.

Die Erderwärmung ist keineswegs gleichbedeutend mit „Brüllsommern" in unseren Breiten. Denn die zur globalen Erwärmung beitragenden Grade müssen nicht unbedingt hier gemessen werden, sie können genauso gut in Sibirien oder Australien zum Tragen kommen. Und die eben wegen des Treibhauseffekts **monströs angewachsenen Tiefdruckgebiete** werden uns nicht nur ozeanische Milde bescheren, sondern mögen Kaltluft von wer weiß woher herbeischaufeln. Dann ist Pullover angesagt, mitten im Sommer. Davon gehe man aus und nicht von langfristigen Prophezeiungen nach dem Zufallsprinzip.

Tröstliches

Das alles mag einen verdrießlich stimmen. Aber es gibt auch Tröstliches. Die deutschen Nordseeinseln gelten nämlich als relative **Gutwetterzonen,** die dem Festland stets mit der einen oder anderen

Wahnsinnswolken

„Die Küste, die Nordsee – alles grau in grau, und seit der Rechtschreibreform noch gräulicher. So schwebt manchem Binnenländer der deutsche Norden vor, womöglich bestärkt durch die Lektüre des Nordseebarden Theodor Storm, der sowieso alles ziemlich griesgrämig sah. Kaum weniger melancholisch muteten einen anderen Theodor, nämlich Fontane, die Verhältnisse vor und hinter den Deichen an. ‚Die greisigsten Greise erinnern sich nicht, solchen August erlebt zu haben', schreibt der Dichter humorig, aber mit klammen Fingern, in der Hochsaison 1882 von den ostfriesischen Inseln. Doch schon im nächsten Jahr fügte er seiner Jeremiade hinzu: ‚Im Ganzen muß ich mit meinen drei Wochen hier sehr zufrieden sein; es ist mir nichts eigentlich Unangenehmes passiert, und selbst die Sturmtage waren schön ...'

014s Foto: rh

Die schönsten Tage, stürmisch oder nicht, stellen sich an der Nordsee ein, wenn der Wind hinter einem abziehenden Tief auf nördliche Richtungen dreht – ‚Rückseitenwetter'. Dann wird die Luft klar wie Glas, die Horizonte rücken zusammen, und der ‚hohe Himmel' tritt in Erscheinung. Das Firmament gleicht dann einer endlos großen Glocke, auf der sich jede Einzelheit transparent abhebt und die das Licht von allen Seiten strahlen lässt. Die resultierenden intensiven – und alles andere als ‚gräulichen' – Farben zogen früher stets die Maler an. Heute sind immer noch ein paar präsent, aber Fotografen haben sie zumeist abgelöst. Die Kameramänner und -frauen finden in dem glockenklaren Umfeld mit Weitwinkelobjektiven und Polarisationsfiltern jetzt ihr Eldorado. Fotoparadies Nordsee? Das hätte sich Theodor Storm ganz bestimmt nicht vorstellen können ...

Ein wolkenlos strahlender blauer Himmel wie in einem mexikanischen Film – das ist etwas, womit die Nordsee nicht oft aufwartet. Gott sei

015s Foto: rh

Dank. Ein paar Tage macht [man] das ganz gern mit, zumal als Badegast. Aber dann wird's einem langweilig. Man sehnt sich nach den Wolken, die irgendwie zum Bild gehören und deren Abwesenheit man als fühlbaren Fehlposten empfindet. Doch keine Sorge; sie treten schon verlässlich in Erscheinung. Vor allem bei dem bewussten Rückseitenwetter. Und dann in den aberwitzigsten Formen: keine Wolken mehr, sondern Wolkenschlösser, -paläste, -türme und -zinnen am Firmament.

Gesetzmäßigkeiten scheinen für die himmlischen Bauwerke nicht zu gelten. Der Gravitation trotzend schweben die vieltonnenschweren Dampfgebilde hauchzart und federleicht in der blauen Atmosphäre; was sie tatsächlich wiegen, erweist sich erst, wenn sie sich in fallendes Wasser zurückverwandeln. Was auf den Betrachter in überwältigender Weise eindringt, ist die physische Größe der Wolken. Ganze gewaltige Landschaften formen sie mitunter; der Mensch kann sich dagegen nur klein und – im Vergleich – recht hässlich vorkommen.

016s Foto: rh

Da gibt es Sonnenaufgänge auf den Inseln, für die man schon mal ein Stündchen oder zwei früher aufsteht – oder es zumindest sollte. ‚So muss es auf dem Saturn aussehen', kommt einem in den Sinn angesichts der brodelnden, sich in ständiger Neugestaltung befindlichen morgendlichen Wolkenmassen. Und doch ist dies alles sozusagen zum Greifen nahe, zumindest für die Kamera. Alsdann hebt sich die Sonne aus dem goldenen Gekräusel, und unsichtbar himmelstrebendes Wasser beginnt zu neuen Meeren zu kondensieren. Cumulus (‚Anhäufung, Ballung') ist das meiste in diesen weißen Ozeanen. Wetterfrösche unterscheiden mehrere Abarten, deren etymologische Kenntnis einem jedoch viel vom Vergnügen der unvoreingenommenen, rein ästhetischen Beobachtung der himmlischen Paläste nimmt. Der Maler, der Künstler, selbst der technisch orientierte Fotograf, sie wollen gar nicht wissen, wie das Ding auf Lateinisch heißt, das sie in Entzücken versetzt. Für sie sind Wolken fast lebendige Wesen.

Ach, apropos. Da war noch einer unter unseren Literaten, der sich für Norddeutschland begeistern konnte. ‚Das ist's, was mich hier so entzückt, / die unbedingte Weite, / der Horizont in Tief' und Breite / verschwenderisch hinausgerückt', dichtete Christian Morgenstern voller Enthusiasmus. Das muss angesichts des hohen Himmels gewesen sein, den die Wolkenmassen von einem Ende zum anderen erfüllten und deren Elemente sich überall in derselben klaren Perfektion darboten, gleich ob sie eine Meile oder zwanzig entfernt waren. Unsere alten Meister hatten eben noch den Blick fürs Schöne und vermochten das Geschaute gekonnt zu beschreiben.

Allerdings: Die perfekten Tage, die einen Morgenstern so hinrissen, sie sind rar, auch an der Nordsee. Wer mit der Kamera auf Wolkenjagd gehen will und dabei wirklich wahnwitzige Exemplare einfangen möchte, sollte zunächst die Wetterkarte konsultieren. Zwischen einem Tief im Osten und einem Hoch im Westen finden sich zumeist ideale Konditionen. Die Tageszeit ist sekundär. Ein misslungener Morgen wird nicht selten von einem prächtigen Abend wettgemacht. Und zwischen Sonnenauf- und -untergang bewegen sich die Wolkenmeere in endloser Prozession, eines schöner als das andere. ‚Wie herrlich die Welt!' Das rief ein weiterer deutscher Dichter aus, der die Anmut unseres Planeten ebenfalls zu schätzen und zu lieben wusste – Eichendorff."

Abdruck mit freundlicher Genehmigung des „Ostfriesland Magazins"

Die Nordseewolken ändern ständig ihre Gestalt

Foto: rh s710

Sonnenstunde voraus sind. Oft sieht man jenseits der Deiche dicke Wolkenballungen mit dunklen Regenflagen, während am Wassersaum Lichtschutzfaktor 20 angesagt ist ... Hundertprozentig voraussagbar ist so ein Szenario natürlich auch nicht.

Ein **Seewetterbericht** findet sich übrigens in den Aushängen, manchmal leider schon mehrere Tage alt.

Schwere See an der Küste

● **Literaturtipp:** Wer sich eingehender mit dem Wetter beschäftigen und eigene Prognosen anstellen möchte, der sei auf den Praxis-Titel des REISE KNOW-HOW Verlages „Sonne, Wind und Reisewetter" von *Friederike Vogel* verwiesen.

Sturm und Wellen

Beaufort-Skala

Sir Francis Beaufort, britischer Admiral, entwickelte in der ersten Hälfte des 19. Jahrhunderts eine Skala, die die **Stärke des Windes und des dadurch erzeugten Seegangs** von Punkt zu Punkt auflistete, um eine praktische Messlatte für diese Verhältnisse zu haben. Die so genannte Beaufort-Skala, die Wind und See in bis zu 12 Stärken einteilt, erwies sich als derart praktisch, dass sie selbst in unserem Computer-Zeitalter weiterhin Bestand hat.

Um die Windgeschwindigkeiten und Seezustände von Hurrikanen, Taifunen und anderen Superstürmen (die es auch im Nordseebereich gibt) gleichfalls messen zu können, hat man die Skala heute zwar **auf 17 erweitert.** Doch ab Stärke 12, das hatte der alte Seebär schon ganz richtig erkannt, ist eigentlich sowieso alles Jacke wie Hose. Die nachstehende offizielle Liste hört deshalb auch bei 12 Beaufort (Bft) auf, wenn es drunter und drüber geht.

Bft*	km/h	Wind	Zustand der See
0	<1	Stille	Spiegelglatt.
1	1–5	Leiser Zug	Leicht gekräuselt.
2	6–11	Schwache Brise	Kleine, kurze Wellen mit glasigen Kämmen.
3	12–19	Leichte Brise	Kämme beginnen zu brechen, mitunter treten kleine, weiße Schaumköpfe auf.
4	20–28	Mäßige Brise	Wellen werden länger und Schaumköpfe häufiger.

5	29–38	Frische Brise	Wellen mäßiger Höhe, aber schon von ausgeprägter langer Form. Überall weiße Schaumköpfe, vereinzelt etwas Gischt.
6	39–49	Starker Wind	Wellen bauen sich auf; Kämme brechen und hinterlassen größere weiße Schaumflächen; etwas Gischt.
7	50–61	Steifer Wind	Die See beginnt sich zu türmen. Der weiße Schaum der Brecher legt sich in Streifen zur Windrichtung.
8	62–74	Stürmischer Wind	Mäßig hohe Wellenberge mit langen Kämmen. Gischt beginnt abzuwehen und die Luft zu füllen. Ausgeprägte Schaumstreifen in Windrichtung.
9	75–88	Sturm	Hohe, „rollende" Wellenberge mit dichten Schaumstreifen in Windrichtung. Beginnende Sichtbeeinträchtigung durch Gischt.
10	89–102	Schwerer Sturm	Sehr hohe Wellenberge mit langen, überbrechenden Kämmen. Schweres, stoßartiges Rollen der See. Sichtbeeinträchtigung durch Gischt.
11	103–117	Orkanartiger Sturm	Außergewöhnlich hohe Wellenberge. Durch Gischt herabgesetzte Sicht.
12	118–133	Orkan	Luft mit Schaum und Gischt angefüllt. See völlig weiß. Jede Fernsicht ausgeschlossen.

*Bft nach Beaufort

Blitz und Donner

Gewitterneigung

Die Mehrzahl der Nordsee-Reisenden sieht sich außer Stande, die von ihnen besuchten kühlen Gestade überhaupt mit Gewitterneigung in Verbindung zu bringen. Gewitter entstehen doch nur bei großer Hitze, sind also etwas typisch Festländisches, nicht wahr?

Nicht wahr! Es gibt Wärmegewitter und solche, die mit **Kaltfronten** einhergehen. Die Letzteren können das ganze Jahr über auftreten, selbst mitten im Winter. Sie sind an der Nordsee nicht ungewöhnlich und man sollte auf einer typischen Wanderinsel mit viel offenem Gelände auf sie vorbereitet sein. Auf Spiekeroog steht zwar noch kein Blitzunfall zu Buch, auf anderen Ostfriesen-Inseln aber schon.

In Deckung gehen

Bei einem heranziehenden Gewitter (also wenn Blitz und Donner immer schneller aufeinander folgen) gehe man rasch in Deckung. Im freien Gelände strebe man den **niedrigsten Punkt** an, möglichst eine Mulde zwischen den Dünen, und gehe mit geschlossenen Füßen in die Hocke, bis das Gröbste vorbei ist. Keine Regenschirme mit Metallgerüst aufspannen! Radfahrer und Reiter: Absteigen!

Kurioserweise hinterlässt ein Blitzschlag bei einem betroffenen Menschen kaum einmal sichtbare Spuren. Es kann jedoch, selbst wenn der Blitz in einigem Abstand zum Opfer niederzuckt, durch ein extrem starkes Magnetfeld, das sich auf den Körper überträgt, zum Herzstillstand kommen.

Zeugen eines Blitzschlags vermögen das Leben des Opfers durch schnellen Einsatz zu retten. **Herzmassage** und **Atemspende,** ohne Verzug vorgenommen, bringen die gelähmten Organe unter Umständen wieder in Gang. Und immer daran denken: **Notruf Tel. 110.**

Luft und Wasser

Gute Luft

Viele Menschen suchen eine Nordseeinsel wie Spiekeroog nicht nur der himmlischen Ruhe und des dörflichen Friedens wegen auf, sondern vor allem wegen der guten Luft.

Besonders sauber ist sie schon mal, weil es auf der Insel **weder Industrie noch Kfz-Verkehr** gibt. Auch das gegenüberliegende Festland ist ländlich und deshalb relativ *clean*. Dort, in Ostfriesland, findet ebenfalls (außer durch müffelnde Rind-, Borsten- und Federviecher) keine nennenswerte Luftverschmutzung statt.

Nach Norden hin ist sowieso alles paletti. Von der Nordsee weht die gesündeste Luft von allen heran, angereichert mit **Salz und Jod** und bei jedem Wetter von unbedenklicher Atemqualität.

Deshalb gilt ein Aufenthalt auf Spiekeroog ganz besonders für Menschen mit **Atemwegserkrankungen** wie Asthma, Heuschnupfen, Nebenhöhlen-Entzündungen und Bronchitis als empfehlenswert. Aber auch solche, die einfach mal tief durchatmen wollen, ohne danach aus den Schuhen zu kippen, sind dort gut aufgehoben.

Sollte inmitten all dieser nordischen Klarheit manchen Leuten der hastige Griff zum **Glimmi** deshalb so dringlich erscheinen? Man kann sich angesichts der überall massenweise herumliegenden Filterkippen dieses Eindrucks nicht erwehren und selbst die Kurverwaltung fragt: Muss das sein?

Gutes Wasser

Die Nordsee ist kein blaues Mittelmeer. Das an die Spiekerooger Strände schwappende Wasser sieht eher **braungrau** aus und verführt nicht gerade zwingend zum Bade.

Die Verfärbung, besonders auffällig bei ablaufendem Wasser und bei stürmischer See, ist jedoch nicht auf menschengemachte Schweinereien zurückzuführen, sondern auf Schwebstoffe, winzige **Schlickpartikel,** die sich in den turbulenten Wassern tummeln. Denn Spiekeroog ist zumindest im Süden zur Gänze von dem hier auch als „Gubbel" bezeichneten festen, dunklen Schlamm des Watts umgeben. Die Farbe ist mithin ganz normal, natürlich und organisch und der im Wasser treibende Fango hat wahrscheinlich sogar Heilkräfte.

Ein unwillkürlicher Schluck beim Baden hat also **keinerlei negative Folgen** – es sei denn, man trinkt das Nordseenass gleich eimerweise. Und bei auflaufender Flut wird das Wasser ohnehin immer durchsichtiger; genau dann, wenn Badezeit angesagt ist.

Alles in Ordnung?

Das Nordseewasser im Bereich der Inseln hat trotz gelegentlicher Trübsal beste Badequalität; was ins Wasser gelangt, sind menschengemachte Verunreinigungen. Auf die wird das **Wasser regelmäßig getestet** und die Resultate liefern Grund zu Euphorie: Alles in Ordnung!

Allerdings geht es bei diesen Tests um krank machende Kolibakterien aus Abwässern und da können den Badeplätzen in der Tat beste Noten ausgestellt werden: **Kläranlagen** sind allerorten auf dem neuesten Stand der Technik und klären in der Tat mit großer Effizienz.

Es kleckert jedoch noch einiges Weiteres in unser Hausmeer: **Öl** von Schiffen und diversen anderen Quellen, sogar unverbranntes Motorenöl aus Automotoren regnet in die Nordsee, darunter ein Teil der 33 Millionen Liter Kraftstoff, die deutsche Chauffeure allein im Stau verpulvern – am Tag. Ab und zu landen teerige Klumpen an den Stränden an, doch erkennbares Öl im Wasser ist ein eher seltenes Vorkommnis.

Dem Schrecken aller Schrecken, nämlich dem Auslaufen einer kompletten Tankerladung in der Deutschen Bucht und einem einhergehenden jähen Ende aller inseltouristischen Monostruktu-

018s Foto: rh

ren, wird immerhin mit verschiedenen **Maßnahmen** entgegengesteuert, angefangen bei ständig verbesserter Ausbildung der Seefahrer bis hin zur Stationierung von Hochseeschleppern vor Ort. Verglichen mit den Verhältnissen vor lediglich zwei Dekaden sind die Verhältnisse an der Nordsee heute um Lichtjahre **fortschrittlicher.**

„Eintragungen“

Dennoch werden auch weiterhin Stoffe in die Nordsee „eingetragen“ – so die hübsche, verharmlosende Umschreibung –, die dort nicht hingehören und zum Teil überhaupt nichts auf unserem Planeten zu suchen haben. Es handelt sich zumeist um **giftige Substanzen** der chemischen Industrie – lebensfeindliches Teufelszeug, das der fein ausgewogenen Ökobilanz der Nordsee unaufhörlichen Schaden antut.

Den Badegast bedrohen diese Stoffe zwar keineswegs unmittelbar, denn die Chemikalien, Schwermetalle und Düngemittel sind im Wasser extrem **fein verteilt.** Dass es sie aber überhaupt gibt, ist schlimm genug. Und es wird sie auch weiterhin geben, denn listig grinsende Politiker werden in bewährter Manier für ihren (und somit den eigenen) Fortbestand sorgen.

Am besten ist immer noch **Eigeninitiative,** nämlich der Verzicht auf Plaste und Elaste, aufs Auto (wobei einem Spiekeroog wirklich entgegenkommt) und überhaupt auf einen aufwendigen Lebensstil (dito). Unter dem Strich kommt etwas dabei heraus, das sich im Gegensatz zu den auf 100 Milliarden Euro geschätzten jährlichen volkswirtschaftlichen Schäden durch das Automobil gar nicht in Zahlen fassen lässt: **höhere Lebensqualität.**

Licht und Schatten

Ozonloch

Um es gleich klarzustellen: Vom Treibhauseffekt, der eben beschrieben wurde, holt man sich keinen Sonnenbrand. Es sind die **UVA- und UVB-Strahlen** der Sonne, die einem die Haut versengen, und wegen der gefährlichen Schwächung des UV-abweisenden Ozonschildes der Erde passiert dies sogar in immer riskanterem Maße. Durch „Löcher“ in jener Brustwehr erreicht uns heute mehr Strahlung denn je zuvor in der Neuzeit – mit bösen Folgen.

Zwar sind Treibhauseffekt und Ozonloch zwei Paar Schuhe, die aber beide als menschengemacht gelten: der Erstere durch die Entstehung von Kohlendioxid bei der Verbrennung fossiler Substanzen, Letzteres durch **fluorchlorierte Kohlenwasserstoffe,** die als Kühl- und Aufschäummittel dienen.

Im Bereich der Nordsee von einem „Ozonloch" zu sprechen, wäre übertrieben, denn diese Bezeichnung kommt erst zur Anwendung, wenn – wie über der Antarktis – mehr als die Hälfte dieser spezifischen Schutzschicht zerfressen ist. Eine kräftige **„Laufmasche"** von mindestens 15 Prozent ist indes vorhanden und macht vorbeugende Maßnahmen erforderlich.

Aber man fasse Mut! **Bis zum Jahr 2050,** sagen die Experten, könnte sich die angegriffene Ozonhülle im Zeichen reduzierter FCKW-Emissionen wieder regenerieren – sofern nicht weitere Länder in dieselbe Produktion einsteigen und die weltweite Verwendung von Düngemitteln und Entkeimungsanlagen nicht zunimmt.

Schlechte Nachrichten

Hautkrebs ist im Zeichen der ausgedünnten Ozonschicht und der unverminderten Lust der weißen Völker am Sonnenbad in den meisten westlichen Ländern auf dem Vormarsch. Über 90.000 Deutsche pro Jahr bezahlen diese Lust mit der Erkrankung an einer von drei Arten von Hautkrebs, als deren tückischste das Maligne Melanom („MM" im Medizinerjargon) gilt. Mehr als 3000 Menschen sterben in Deutschland jährlich an diesen Leiden, nachdem Metastasen eingesetzt und innere Organe befallen haben.

Die Hauptursache für einen Befall ist (von der FCKW-Herstellung einmal abgesehen) nach wie vor **exzessives Sonnenbaden** mit einer Überexponierung an UVA- und UVB-Strahlen. Kräftige Sonnenbrände säen sozusagen die Saat für die spätere Entstehung von Tumoren. Zu einem Ausbruch kommt es gewöhnlich erst nach Jahren und kleine Kinder sind insofern ganz besonders gefährdet. Natürlich ist ein Sonnenbrand nicht gleich ein Zeichen für einen automatisch folgenden Hautkrebsbefall. Eher im Gegenteil: Er warnt, dass man genug des Guten gehabt hat und dass man der Sonne jetzt unbedingt fern bleiben sollte.

Menschen mit **Pigmentmalen** sind stärker gefährdet als andere. Jegliche Veränderung eines Mals ist ein schlechtes Zeichen, aber auch die Neuentstehung von Malen bei Menschen mit ansonsten reiner Haut. Die wichtigsten **Warnsignale** sind die folgenden:

- **A = Asymmetrie:** Gezackte oder zipflige Male bergen Gefahren.
- **B = Begrenzung:** Unschärfe und „Auslaufen" des Mals sind keine guten Zeichen.
- **C = Colour:** Mehrere Farbtöne, namentlich schwarze, innerhalb des Mals geben Anlass zu Verdacht.
- **D = Durchmesser:** Ab fünf Millimeter wird es ernst.
- **E = Erhabenheit:** Ein Wulst ist gefährlich. Ein äußerer gibt auch einen Hinweis auf einen möglichen inneren. Dort steigt das Risiko ab vier Millimeter abrupt.

Gute Nachrichten

Früher, im Mittelalter, war man in dieser Hinsicht noch schlauer. Man teilte den Tag nicht von Mittag bis Mitternacht in zwölf Stunden ein, sondern zwischen **Sonnenauf- und -untergang.** Sommers und winters waren die „Stunden" dann verschieden lang und niemand musste sich in winterlicher Dunkelheit aus dem Bett quälen, um ein entsprechendes Pensum zu absolvieren.

Als sicher galt offenbar schon damals, dass ein Mangel an Sonnenlicht zu **Depressionen** führt. Wer zu selbigen neigt, weiß man heute, der bekommt sie in den dunklen Monaten. Und weil heutzutage alles auf Englisch ausgedrückt werden muss, nennt sich der Befall *Seasonal Affective Disorder* oder kurz und treffend *Sad.* Deshalb ist in unseren Breiten vor allem im Winter so viel schlechte Laune vorzufinden. Weitere Symptome sind ein extremes Schlafbedürfnis, soziale Vereinsamung, schwindende Energie, sexuelles Desinteresse, Angstzustände und Heißhunger auf Schokolade. Alles das mag manchem bekannt vorkommen.

Wer mehr **Sonne tanken** kann, der bleibt von alledem weitgehend verschont. Aus diesem Grund ist man am sonnigen Strand mit Licht von oben und unten so gut gelaunt, der Hormonhaushalt ist ausgeglichen, der Appetit gesund, der Kreislauf tickt stabil und sogar der Sextrieb reagiert angeregt: alles in allem also ein Gesamtbild des guten **Wohlbefindens** oder der moderneren „Wellness".

Aber es kommt noch besser. Möglicherweise, spekulieren Forscher, senkt die Sonne auch das Brustkrebsrisiko von Frauen. Denn es gibt ein unübersehbares Gefälle zwischen Nord und Süd. Auch Dickdarmkrebs ist in heißen Ländern rar. Am Werk dürfte hier **körpereigenes Vitamin D** sein, das vornehmlich durch Sonnenlicht erzeugt wird. (Eine äußerliche Zufuhr, auch mit der Nahrung, bewirkt anscheinend weitaus weniger.)

Sich nach der Devise „viel hilft viel" jetzt aber in die pralle Sonne zu packen, wäre genau das Falsche. **15 Minuten Einstrahlung am Tag** genügen, sagen die Fachleute. Ein Mehr steigert die D-Produktion nicht. Der Organismus „weiß" also ganz genau, wann er genug hat, und als Nächstes stellen sich dann unter Umständen die oben beschriebenen, nicht minder schädlichen Wirkungen ein.

Schutzcreme

Zu den guten Nachrichten gehört auch die Entwicklung einer Hautcreme, die die von der UV-Strahlung im Erbgut der Hautzellen verursachten und den Krebs auslösenden **Schäden wieder rückgängig** machen soll. Die Wundersalbe ist bereits auf dem Markt und nicht ganz billig, aber auf Rezept erhältlich.

Verhütung

Bratapfelgesicht, Lederhaut, Sonnenbrand, Hautkrebs – das sind alles keine freundlichen Worte und sie lassen sich nicht mit der Vorstellung von Gesundheit in Einklang bringen, mit der man Sonnenbräune gemeinhin verbindet. Bei allen aber handelt es sich um die Auswirkungen von Übertreibungen. Wer nur braun werden möchte, kann ohne weiteres von der **milden Streustrahlung** profitieren, die an der Nordsee überall vorkommt und dem Kurgast auch im Schatten Farbe verleiht.

Wer sich aber unbedingt zur Bräunung ins grelle Strahlengewitter legen muss, sollte dessen geringere Intensität **vor 11 und nach 15 Uhr** nutzen und ansonsten den Schatten vorziehen.

019s Foto: rh

Aufgepasst! **Sonnenblocker** tun ihre dem Namen entsprechende Pflicht, und je höher ihr Schutzfaktor ist, desto effektiver gestaltet sich die Abschirmung. Sie schützen vor einem Sonnenbrand, aber nicht prinzipiell vor Hautkrebs. Der Experte *Prof. Dr. E. Breitbart* (DAK) sagt dazu: „Ein Sonnenschutzmittel sorgt dafür, dass der unvermeidbare Aufenthalt in der Sonne für die Haut möglichst ungefährlich ist. Ist seine Schutzzeit abgelaufen, muss ich aus der Sonne raus." Mit anderen Worten: Das Ausbleiben von Hautverbrennungen wiegt den Sonnenbadenden in falscher Sicherheit. Er zieht sich zwar keinen Sonnenbrand zu, doch zum Hautkrebs kann es auf Grund der Überexponierung dennoch langfristig kommen. Man wende Sonnencremes und -lotionen also großzügig an, teile sich die Zeit in der Sonne aber vernünftig ein.

Norwegische Forscher warnen vor Mitteln mit dem Wirkstoff **OMC,** der womöglich zellschädigend ist („Focus" 42/2000).

Die besten und billigsten Sonnenschutzmittel sind breitrandige **Hüte** nach mexikanischer Art und **Sonnenschirme.** Ein **T-Shirt** (auch beim Baden) ist hilfreich, schützt aber längst nicht hundertprozentig.

Kinder halte man immer besonders sorgsam vor der Sonne abgeschirmt.

Kommt es dennoch zu einem Sonnenbrand, nehme man ein kühles Duschbad und trage danach eine **milde Hautcreme** oder ein **Talcumpuder** auf. In diesem Stadium muss man der Sonne wirklich längere Zeit **fernbleiben,** sonst wird's brenzlig.

Ein Sonnenschirm tut ausgezeichnete Dienste

Land und Leute

Rustikales Eiland

Anders als Inseln wie Borkum, Norderney und sogar Wangerooge, wo kleine Städte oder zumindest Orte mit einem gewissen urbanen Charakter entstanden, hat Spiekeroog bis in die Neuzeit seine **Dörflichkeit** erhalten können.

Auch das **„Ostfriesentum"** der Inselbevölkerung ist intakt geblieben, obwohl im Laufe der Jahrhunderte einige Menschen hinzuzogen. So siedelten diverse Langeooger über, nachdem die furchtbare Flut von 1717 ihre Insel großenteils zerstört hatte, und auch vom Festland stellten sich wiederholt Neu-Spiekerooger ein. Aber dies waren mit wenigen Ausnahmen samt und sonders Ostfriesen. Außerdem kam es nie zu einem starkem Bevölkerungszuwachs, denn die Kindersterblichkeit war hoch, ebenso wie die Verlustrate der seefahrenden männlichen Bevölkerung.

Schweigsames Volk

„Die durch diese trostlosen Wegeverhältnisse bedingte Abgeschlossenheit der Lebensweise wirkt auch auf den Charakter der Bewohner. Ich habe nirgends ein in sich gekehrteres, schweigsameres Volk gefunden, als in Ostfriesland. Stundenlang sitzen im Winter die Männer mit der Pfeife im Munde um den Herd, ohne ein Wort zu sprechen. Ja, sogar die Frauen sind schweigsam und selbst die Kinder sitzen still und ernst auf Lehnstühlchen im Kreise der Alten ohne Spiel und Gespräch. Ich bin mehr als hundertmal Frauen und Mädchen begegnet, die mit Milcheimern eine halbe Stunde weit aufs Feld zogen, um die Kühe zu melken – ich habe nie gehört, daß sie ein Wort sprachen. Ich habe während meines sechsmonatlichen Aufenthalts in Ostfriesland ein einziges Mal einen Menschen im Freien singen hören und das war kein – Ostfriese!"

Aus: *Freiherr Albert von Seld,* „Wenig bekannte Länder und sehr bekannte Menschen". Reisebericht 1864.

020s Foto: rh

Ein knarziger Insulaner – allerdings aus Holz

Insulaner

Wegen der ärmlichen Daseinsbedingungen auf der Insel ist wenig über ihre Menschen in den frühen Annalen festgehalten. Die ganze Zeit vor dem 19. Jahrhundert gilt sogar als geschichtlich weitgehend **im Nebel verborgen,** aus dem nur ein paar vereinzelte Begebenheiten herausragen.

Umso besser vielleicht. Denn auf anderen Inseln (auf Juist und Langeoog) wetterten die Pastoren über die „Verkommenheit" der Insulaner und scharfsinnige Beobachter, wie *Heinrich Heine* auf Norderney, unterstellten ihnen einen niedrigen kulturellen Standard oder lästerten über die Inselfrauen. Zwar gab es im 18. Jahrhundert auch auf Spiekeroog Krach mit der Geistlichkeit, die die Glaubensstärke ihrer Gemeinde wohl mit einiger Berechtigung in verärgerten Zweifel zog. Doch im Großen und Ganzen blieb es der **Spiekerooger Großfamilie** bis auf den heutigen Tag erspart, von anders Denkenden niedergemacht zu werden. Nicht einmal ein kerniger Ostfriesenwitz existiert über sie, obwohl manches Bild aus alter Zeit - und manch jüngere Tat - zu einem verlockt.

Hochdeutsch und Plattdeutsch

Seltsames Patois?

Was für ein seltsames Patois sprechen die Spiekerooger da eigentlich untereinander - wenn sie denn mal etwas sagen? Wer als Binnenländer Ohrenzeuge wird, versteht kein Wort. Und da man sich in Ostfriesland befindet, steht für den Zuhörer alsbald fest: Das ist **Friesisch.**

Nein, das ist es nicht! Ausgerechnet in Ostfriesland geriet die urtümliche Sprache schon gegen Ende des Mittelalters ins Abseits. Sie wurde als amtliches Medium von **Latein** abgelöst. Und was die sich bis auf den heutigen Tag als „Friesen" empfindenden „Ossis" vom 14. Jahrhundert an parlierten, war **Niederdeutsch.** Aus diesem ging das **Plattdeutsch** der Gegenwart hervor, das in Ostfriesland als ganz besonders „mundartfest" gilt. Selbiges ist mit einiger spezifisch insularer Färbung auf Spiekeroog zu hören.

Eigene Sprache

Trotz der Endsilbe -deutsch ist „Platt" etwas ganz anderes als das, was in der übrigen Bundesrepublik gesprochen wird. Ein Süddeutscher wird kein

021s Foto: rh

Immer passender Küstengruß

einziges Wort verstehen, wenn ein Spiekerooger so richtig loslegt. Denn es handelt sich keineswegs um einen regionalen Dialekt, sondern um eine gestandene Sprache mit **eigener Grammatik** und teilweise extrem vom Hochdeutschen abweichendem **Vokabular.**

Als **Schriftsprache** spielt Plattdeutsch allerdings kaum eine Rolle, was nicht zuletzt daran liegt, dass es schon vor langer Zeit dem „einfachen Volk" zudelegiert wurde. Die gebildeten Stände rümpften darob die Nase.

Im 19. Jahrhundert erfuhr Platt im Zeichen völkischer Rückbesinnung zwar eine gewisse Renaissance. Doch erst in der jüngeren Gegenwart ist die Küsten- und Inselsprache wieder richtig aus ihrer Versenkung hervorgekommen. Sie wird **liebe-**

voll gefördert in Medien, Schulen und Vereinen. Seit dem 1. Januar 1999 ist sie durch die Europäische Charta der Regional- und Minderheitensprachen sogar speziell **geschützt.** Dennoch kommt es auf den einzelnen Bürger an, diese Sprache weiterhin am Leben zu erhalten. Auf geht's!

Platt lernen

Die Insulaner schätzen es durchaus, wenn ihre Besucher sich auf „Spiekeroogsch" mit ihnen unterhalten möchten. Man sollte Platt allerdings schon ein bisschen beherrschen, um nicht komisch zu klingen.

Das Lehrbüchlein **„Plattdüütsch"** in der Kauderwelsch"-Reihe dieses Verlags (auch als Audio-CD erhältlich) leistet dabei nützliche Dienste.

Sogar bei **„Asterix & Obelix"** lässt sich das Küstenpatois lernen, denn die bekannte Serie kommt auch auf Platt heraus.

Plattes findet man ebenfalls im **Internet.** Unter: www.radiobremen.de kann man an entsprechenden Lektionen teilnehmen.

Moin moin

Es gibt tatsächlich Spiekerooger, die angewidert das Gesicht verziehen, wenn ein Kurgast sie mit einem fröhlichen „moin moin" begrüßt. Das ist wahrscheinlich dieselbe Reaktion wie die von Schweizern, wenn sie von Ausländern angejodelt werden und auf Grund verbaler Unbeholfenheit keine passende Antwort darauf finden. Doch generell verhält es sich umgekehrt. Binnenländer, denen noch am späten Abend ein **vermeintlicher Morgengruß** zugerufen wird, kommen sich offenbar fürchterlich veräppelt vor. Sie quälen sich dann, wenn überhaupt, ein sehr spitzes „guten Tag" oder Ähnliches ab und ziehen mit erhobenem Kinn ihres Weges.

Dabei hat *moin,* einfach oder doppelt, gar nichts mit dem Morgen zu tun. Es stammt von *mooi,* was „gut" bedeutet. **„Alles Gute"** wünscht man sich dieserart. Da sollte man wirklich kein langes Gesicht ziehen, sondern munter mithalten, oder?

Essen und Trinken

Essen

Eine typisch Spiekerooger Küche gibt es nicht. Die Insulaner waren stets zu arm, um hier eine inselspezifische Esskultur entstehen zu lassen. Deshalb ist das kulinarische Sortiment **küstenüblich deftig** und auf den Speisekarten der Restaurants steht jede Menge feiner **Fisch** – der betriebsame Fischereihafen Neuharlingersiel liegt der Insel ja genau gegenüber.

022s Foto: rh

Kein Mangel an Granat

Satt vertreten sind **Granat** (kleine Garnelen). Für den Hausgebrauch pule (schäle) man sie selbst, sonst zahlt man sich dumm und dämlich dafür. Für den Schälvorgang werden Granat sogar exportiert und reimportiert, was natürlich einige Verteuerungen nach sich zieht.

Prima ist auch **Matjes,** ein in Salzlake roh vergorener Hering, der zumeist aus Emden kommt. Dieses Tierchen einfach am Schwanz zu packen und langsam die Kehle hinuntergleiten zu lassen, gilt an der Küste als ganz normale Art des Verzehrs. Also – außerhalb der Restaurants, wo man dergleichen nicht so gern sieht – bitte keine Hemmungen!

Wo ist der Fisch geblieben?

Einst, noch vor ein bis zwei Generationen, war die Nordsee eines der fischreichsten Gewässer der Erde, in dem man, wie alte Fischer sich erinnern, **„mit der Mütze fischen konnte"** und an dessen Küsten hunderttausende von Menschen von der Jagd auf die Flossentiere lebten.

Das hat sich gründlich gewandelt. Vier von sechs Speisefischen machen sich extrem rar. Kabeljau, Makrele und Tunfisch sind annähernd verschwunden, andere früher häufig vorkommende Arten treten **immer seltener** in Erscheinung.

Auf der üblichen **Suche nach dem Schuldigen** (der man natürlich nie selber ist) hat man sogar den Kormoran und den Seehund als Buhmänner ausgemacht (siehe auch Kap. „Geschichte und Natur/Natur/Seehunde"). Doch die Wahrheit ist etwas anders gelagert. Erstens hat die industrielle **Verschmutzung** der Nordsee schwere Wunden geschlagen, die erst im Zeichen einer allmählichen Rückbesinnung auf gesündere Verhältnisse zu verheilen beginnen. Zum Zweiten, und hauptsächlich, ist die Nordsee heillos **überfischt.** Der schwarze Peter muss insofern primär den Dänen und Holländern zugeschoben werden, die sich in vergangenen Jahren (und immer noch) wenig um Fangbeschränkungen geschert haben. Aber auch die rund 50 deutschen Nordseekutter sind daran nicht unbeteiligt.

Wahrscheinlich wird die EU schon in naher Zukunft **Sperrzonen** einrichten und die **Fangquoten** noch mehr reduzieren müssen. Dann wird eitel Heulen und Zähneklappern an der Küste sein, ganz wie im einst extrem fischreichen kanadischen Neufundland, wo man sich, stolz alle Warnungen ignorierend, selbst das Wasser abgrub und heute von der Allgemeinheit per Sozialhilfe alimentiert werden muss.

Trinken

Wasser

Zuerst ein Wort zum wichtigsten aller Getränke, dem Wasser. Jenes von Spiekeroog gehört zum Feinsten. Typisch für mehrere ostfriesische Inseln, bildet sich auch hier auf dem der Insel unterliegenden salzigem Grundwasser eine „Linse" aus Süßwasser mit einer Mächtigkeit von immerhin 30–50 Metern, die durch Niederschläge stets wohl gefüllt bleibt. Beim Wasserwerk am Noorderpad wird das edle Nass aus **sechs Brunnen** in 10–18 Metern Tiefe zu Tage gefördert. Muschelkalk im Inselboden sorgt dafür, dass es einen konstanten Härtegrad (2) hat und daher nicht nachbe-

023s Foto: rh

Die Kutterfischer haben einen schweren Job

024s Foto: rh

handelt werden muss. Auch Schadstoffe sind im Wasser der auto- und landwirtschaftsfreien Insel kaum vorhanden. Gefiltert und enteisent wird es dennoch – der Topqualität zuliebe. **Gesamtnote: sehr gut,** unbedenklich trinkbar. Das ist nicht überall in deutschen Landen der Fall.

Die alte Pumpe hat ausgedient

Tee

Ein ansehnlicher Teil des Spiekerooger Wassers wird als Tee zubereitet, denn selbiger ist schon seit über zwei Jahrhunderten der Ostfriesen liebste Labe. Angeblich sollen sie den Schlachtruf *„Liberté!"* der französischen Revolution als „lieber Tee!" interpretiert haben, woran jedoch nichts Wahres ist.

Im deutschen Mittel werden 270 Gramm Tee pro Jahr verkocht, im ostfriesischen 2500, nur überboten von Irland (2780), der Türkei (2690) und Libyen (2630). Die **ostfriesische Teezeremonie** übertrifft mit einem komplizierten Aufbrühprozess, Kandiszucker und „echter Teesahne" sogar die japanische an Komplexität. Es macht sicher Spaß, daran teilzunehmen. Man muss es aber nicht und man möge seinen Tee trinken, wie er einem schon immer behagt hat – auch wenn man mit dem Umrühren der Sahne einen (nach ostfriesischem Verständnis) unverzeihlichen Fauxpas begeht.

Alkohol

Der **Irrglaube,** dass an den Gestaden der Nordsee schwer gebechert würde, „um sich warm zu halten", scheint unausrottbar zu sein. Und so mancher Kurgast, scheint's, eifert dem Beispiel dieses schönen Brauches nach und nimmt sich auch ganz flott einen zur Brust – gegen die Kälte, versteht sich.

Ärzte sehen die Sache allerdings mit anderen Augen. Alkohol führt dazu, dass sich die Körperporen öffnen. Dadurch entsteht zwar ein angenehmes, zunächst „wärmendes" Gefühl guter Durchblutung. Doch durch die offenen Poren dringt auch die **Kälte in den Körper.** Der Alkohol bewirkt mittelfristig also genau das Gegenteil des Erhofften. Das ist zwar normalerweise nicht so schlimm; bei jemandem, dem ohnehin schon kalt ist, hingegen schon eher. Und wenn einer, nach langen Stunden im Wasser zum Beispiel, bereits gewaltig mit den Zähnen klappert, kann die Zufuhr von Alkohol lebensgefährlich sein. Einem halb Erfrorenen Schnaps einzuflößen, ist mithin so ziemlich das Falscheste, was man machen kann.

025s Foto: rh

Insel-Info A–Z

Adressen

- **PLZ:** 26474.
- **Vorwahl:** 04976.

- **Kurverwaltung:** Noorderpad 25 (oder Postfach 1160, PLZ 26466), Tel. Sammelnummer 9193-101, Fax 9193-213.
- **Zimmernachweis:** Tel. 9193-225.
- **Internet:** www.spiekeroog.de.
- **E-Mail:** info@spiekeroog.de.

- **Notruf:** Tel. 110.
- **Polizei:** Tranpad 3, Tel. 319. Siehe auch weiter unten.
- **Feuerwehr:** Tel. 112.

- **Fundbüro:** Rathaus, Westerloog 2, Tel. 9193-333.
- **Banken:** Noorderpad 1 und 11, Post (Süderloog 49).
- **Bahn- und Busauskunft:** Tel. 01805-19449.
- **Schiffsauskunft:** Tel. 9193-213 oder Hafen Spiekeroog, Tel. 9193-133.

Allgemeines

Leben ohne Uhr

Wiederholt wird nachstehend auf präzisierende Auskünfte **„über den Aushang"** verwiesen, weil Zeitangaben variieren und nicht punktgenau angegeben werden können. Das mag manchen uhrenabhängigen Inselbesucher irritieren. Aber wie viel schöner ist es doch, seine Ferien zu verbringen, ohne ständig auf die Uhr sehen zu müssen, ohne sich um Fahrpläne (außer bei An- und Abfahrt) und Öffnungszeiten zu kümmern! Hier bin ich Mensch, hier darf ich's sein – ohne Uhr. Das ließe sich fast als Spiekeroogs Motto bezeichnen.

Seite 76/77: Hinterm Horizont gehts weiter

Arzt, Apotheke, Notfall

Arztpraxis

- Noorderpad 23 (direkt neben der Kurverwaltung), Tel. 327.
- Zahn-, Augen-, Tierärzte und andere **Spezialisten** gibt es nur auf dem Festland.

Apotheke

- Süderloog 2 (Ecke Wüppspoor), Tel. 597.

Notfall

- Im Notfall erfolgt eine rasche Evakuierung per **Hubschrauber.** Maßgebend ist stets der Notruf über Tel. 110.

Einkaufen

Geschäfte

Auch als Selbstversorger muss man keinen Kohldampf schieben. In drei kleinen **Supermärkten** lassen sich die meisten Bedürfnisse decken. Außerdem gibt es **Bäckereien, Fischläden** und eine **Fleischerei.**

Erfreulich: Einkaufskörbe aus Flechtwerk scheinen bei der Kundschaft immer beliebter zu werden. Weiter so!

Preise

Da das Allermeiste aufwendig vom Festland herantransportiert werden muss, liegen die Preise **etwas höher** als dort. Ruinös sind sie zwar nicht, aber vor allem Obst und Gemüse kosten ganz schön. Ein halber Euro für 100 Gramm (!) Tomaten ist zum Beispiel recht happig. Es gibt allerdings auch ein paar Gewächshäuser auf der Insel, in denen weniger teure und sehr leckere Gurken, Tomaten und Bohnen gezogen und z. T. in den Geschäften angeboten werden.

Öffnungszeiten

Fast alle Geschäfte legen eine lange Mittagspause ein, die bis 15.30 Uhr dauern kann. Abends ist durchweg um 18 oder 19 Uhr Ladenschluss. Am Samstag ist morgens überall offen, in der HS mitunter auch nachmittags. Die meisten Einzelhandelsläden und Bäckereien öffnen in der HS sogar sonntagmorgens.

Fortbewegung

Auto

Spiekeroog ist (mit Ausnahme von Ambulanz und Feuerwehr sowie ein paar Elektrokarren) **konsequent autofrei.** Für Besucher gibt es keine Extrawürste; die Fähren sind auch gar nicht auf Autotransport eingerichtet. Wer aus spezifischen Gründen, wie Invalidität, nicht auf sein Fahrzeug verzichten kann, aber eine Insel besuchen möchte, muss nach Norderney oder Borkum reisen.

Bollerwagen

So nennt man an der Küste einen kleinen Handwagen, in dem vor allem **fußmüde Kinder** befördert werden. Leihen kann man sich die Gefährte beim StrandXpress (Noorderpad 3, Tel. 912020).

Fahrrad

Das Radl ist auf Spiekeroog **nicht gern gesehen.** Dringend wird darum ersucht, vom Mitbringen von Fahrrädern abzusehen. Um sie außen vor zu halten, hat man ihren Fährpreis mit 20 € (Rückfahrkarte) drastisch erhöht, was nicht ohne Wirkung geblieben ist. Auch gibt es keine Verleihe, und zum Radwandern eignet sich die Insel ohnehin nicht, weil die meisten Wege für das Velo gesperrt sind. Eine ganze Anzahl von Fahrrädern, vornehmlich im Besitz der Einheimischen (und einiger Heimschüler), ist zwar auf der Insel zu sehen. Doch nach Auffassung der Spiekerooger sind das schon mehr als genug. Im Ortskern kommt es mitunter bereits zu Drängeleien.

Deshalb müssen Radler dort und auf mehreren Strandzuführungen **schieben.** Wer sich, immer wieder zu beobachten, nicht darum kümmert, kann vom Inselgendarmen derb zur Kasse gebeten werden.

Pferd

Siehe „Sport/Reiten“. Außerdem pendelt (wetterbedingt) von den Osterferien bis Oktober die von 1 PS gezogene **Museums-Pferdebahn** ab Pizzeria „Der Bahnhof“ täglich außer Mo um 14, 15 und

026s Foto: ih

16 Uhr zum Westend und zurück. Bei Andrang werden zusätzliche Fahrten anberaumt und im Aushang bekannt gegeben.

Pferde sind Spiekeroogs Ein und Alles

Fotografieren

Motive

Spiekeroog ist, wie schon der erste Blick bestätigen wird, ein ausgesprochen **malerisches Eiland.** Dennoch mag sich mancher Kurgast fragen, was es denn weiterhin zu knipsen gäbe, nachdem der erste Film im Ortskern und am Badestrand voll geschossen ist. Eine Menge Sand gibt es auf Spiekeroog, ein nicht unbedingt fotogenes Medium.

Mit 1 PS westwärts nach Laramie

Als **erste Bahnroute** überhaupt auf einer Nordseeinsel rief man am 9. Juli 1885 eine 1,7 Kilometer lange Schienenverbindung von der Dorfmitte Spiekeroogs zum damaligen Herrenbadestrand im Westen der Insel ins Leben. Das Wägelchen wurde von einem Pferd gezogen, das im Gegensatz zu ähnlichen Bahnen auf einer Grasnarbe neben der Strecke dahintrottete, da das Gleisbett wegen häufiger Überschwemmungen nicht befestigt werden konnte.

Zwischen **Herren- und Damenstrand** bestand seinerzeit eine Pufferzone von einem halben Kilometer. Deshalb mussten die Damen schon vorher aussteigen, um über einen Dünenpfad das Wasser zu erreichen. Zur gemeinsamen Rückfahrt traf man sich dann in dem an der Endstation gelegenen Restaurant **„Givtbude"**, das aber 1894 bei einer Sturmflut schwer mitgenommen und 1962 endgültig zum Totalschaden wurde. Heute ist die Endstation das **„Laramie"** (siehe „Gastronomie").

Anno 1912 hob man die Apartheid an den Stränden auf und etablierte ein Familienbad. Die Pferdebahn wurde in den Folgejahren gut genutzt und kam sogar zu kräftigem Einsatz, als die Badeanstalt am Westend 1934 zu einem Flughafengebäude umfunktioniert wurde. Das von braunen Werkmännern errichtete Flugfeld sollte indes weniger den Fremdenverkehr fördern, als bereits Kriegsvorbereitungen dienen. Wie auch immer: Wer noch zu Friedenszeiten auf dem **Spiekerooger Airport** landete, fuhr, einmalig auf der Welt, mit einer Pferdebahn weiter.

Die Strecke wurde schon 1892 bis an das Südwestende der Insel verlängert und dort holten damals bis zu acht Pferdebahnwagen Gäste von der Fähre ab. Mit der Einführung von Dieselzügen kam diese Transportart seit 1949 dann zum Erliegen. 1981 wurde die historische Bahn jedoch auf Drängen des Pforzheimer Eisenbahnfreaks *Hans Roll* wieder in Betrieb genommen. *Roll*, ein origineller Typ, besorgte aus dem Stuttgarter Straßenbahnmuseum einen offenen Sommerpferdebahnwagen aus dem Jah-

Um von mir selbst zu sprechen: Ich habe in der Herbstsaison und trotz recht durchwachsenen Wetters eine Reihe von Fotos machen können, die jeden Bildband zieren würden – und einige tun es in der Tat auch. Es gibt (bei Niedrigwasser) Spiekerooger **Abendstimmungen,** die auf einem anderen Planeten ihren Platz zu haben scheinen. Und selbst die kargen **Dünen und Heller** (Außendeichwiesen) bieten mitunter atemberaubende Motive. Man muss nur das Auge etwas dafür schärfen.

re 1886 und setzt damit bis auf den heutigen Tag die Route **„Rolls Classics"** fort. Urig, wenn aus dem Megafon des Fremdenführers schwäbische Laute ertönen!

Bei solchen kleinen Nettigkeiten sollte man es allerdings belassen. Einen sündhaft teuren neuen „Bahnhof", wie er auf Spiekeroog im Gespräch ist, benötigt das bescheidene Bähnle nun wirklich nicht und das Empfinden drängt sich auf, dass auf diese Art nur ein Geschäft gemacht werden soll.

027s Foto: rh

Die alte Pferdebahn ist wieder voll in Betrieb

Kamera

Eine gute Kamera, am besten eine **Spiegelreflex,** kann natürlich nicht schaden. Zwar hört man oft, dass ein billiger Apparat auch schöne Bilder mache. Das stimmt auch. Aber Fotos, bei deren Anblick man sich auf den Hosenboden setzt und „wow!" ausruft, die macht er nicht.

Licht

Ran ans Licht! Vergessen Sie Sprüche wie: „Nicht gegen die Sonne!" Jetzt erst recht! Allerdings: **„Nicht ohne Sonne!"** hat seine Berechtigung. An einem lichtlosen Tag entstehen auch lichtlose Bilder ohne Kontrast, ohne Farbe – wer will das schon?

Ein **Blitzlicht** beleuchtet ein Objekt nur in ein paar Metern Entfernung; eine Landschaft (oft verkannt) hellt es nicht auf!

028s Foto: rh

Regen ist kein Hindernis, sofern die Sonne immer mal wieder durchbricht, und sei es aus einem winzigen Wolkenloch. Die Kontraste, die dann entstehen, machen erst die Essenz der Nordsee aus und lassen einen visuell vorgepolten Ästheten jubeln. Denn die Stimmungen, die an den „richtigen" Tagen die Atmosphäre an unserem Nordmeer bestimmen, suchen ihresgleichen auf der Welt.

Filme

Wer nicht nur mit dem Handy fotografiert, sondern weiterhin „guten alten" Filmen treu ist, sollte selbige **vom Festland mitbringen.** Auf der Insel gibt es nur wenig Auswahl. Man beachte: Filme mit niedriger Empfindlichkeit bringen die satteren Farben. **50–100 ISO** ist ideal.

Technik

Auch die **Blende** (f-Stop) beeinflusst die Farbe. Je höher die Einstellung ist, desto besser: f-16 gibt pralle Bilder, f-2,8 weniger. Dies geht allerdings auf Kosten der **Belichtungszeit,** die bei höherer Blende immer länger wird. Dann verwackelt man auch leichter. Wer sehr ruhige Hände hat, schafft noch 1/30 sec., aber nicht bei Sturm. Darunter wird's kritisch und ein Stativ muss her. Aber dann gerät man eh in fast professionelle Sphären. Summa summarum: Übung macht den Meister.

- **Literaturtipp:** In der Reihe Praxis sind im Reise Know-How Verlag zwei Titel zum Thema erhältlich: *Helmut Hermann:* „Reisefotografie", *Volker Heinrich:* „Reisefotografie digital".

Nur Mut! Rein in die Sonne!

Eine Rundtour mit der Kamera

Schon am Abfahrtshafen in Neuharlingersiel findet der Bilderfan Motive vom Feinsten, und sei es die **Möwe** auf dem Duckdalben (Pfahl), die neugierig glotzt und gar nicht ans Wegfliegen denkt, weil sie sich etwas Verzehrbares erhofft.

Dann geht die Reise los. Achtung: Manchmal spritzt bei leicht bewegter See Wasser um den Bug der Fähre und manche Passagiere denken dann, sie könnten aufregende **Sturmbilder** schießen. Was zu Hause auf dem Monitor erscheint, erweist sich jedoch oft als bitter enttäuschend und sieht so ganz anders aus als die TV-Reportage vom letzten Hurrikan in Florida. Ähnliches gilt für manches am Seesaum aufgenommene Foto. Ohne einen wirklich heftigen Sturm, mit dem im Hochsommer kaum zu rechnen ist, lassen sich eben auch keine wahren Sturmaufnahmen machen. Viel interessanter an Bord der Fähre ist der Hut, welcher der Touristin gerade davonsegelt. Und mit etwas Schadenfreude kann man ihr dann sogar noch ein Erinnerungsfoto des Vorgangs in Aussicht stellen.

Im Ort gibt es abgesehen von der alten Kirche (in der um den Verzicht des Blitzlichts gebeten wird) nicht allzu viel zu knipsen. Das **Dorf** ist klein und besteht überwiegend aus geklinkerten Spitzgiebelbauten, die sich nicht unbedingt als überragende Fotomotive eignen.

Gleich im Westen bietet sich jedoch die **Museumspferdebahn** als prächtiges Kamerafutter an. Auf dem Weg zum Westend sollte man den pittoresken weißen **Bootsschuppen** nicht übersehen, der jetzt als Pferdestall für Isländer dient (siehe „Sport") und ein besonders schönes Bild abgibt, wenn einige Rösser im Umkreis gruppiert sind. Bei den Reitern kann man sich auch erkundigen, wann und wo Ausritte geplant sind. **Rei-**

029s Foto: rh

tergruppen am Strand machen sich auf Fotos immer gut. Pferde kann man außerdem entlang der Bahnroute fotografieren; man halte sich aber von den Weiden fern, die zur Ruhezone des NSG Westergroen gehören.

Auch die alte, halb verfallene **Landungsbrücke** im äußersten Südwesten dient sich immer wieder für interessante Szenen an, zumal östlich von ihr oft große **Vogelscharen** in Erscheinung treten, die das Teleobjektiv auf den Plan rufen. Dies trifft natürlich auf alle Randzonen der NSGs zu, die weiter hinten im Buch im Einzelnen beschrieben werden. Mit dem Tele lassen sich auch die **Fischkutter** heranziehen, die häufig in der Otzumer Balje zwischen dem Westend und Langeoog liegen.

Außerdem gibt es stets **Menschen** zu fotografieren, namentlich am Hauptbadestrand und dort vor allem **Kinder.** Sofern es nicht die eigenen sind, frage man aber die Eltern, ob man sie auch ablichten darf, denn sonst werden einem unter Umständen Absichten unterstellt, die nichts mit Kinderfreundlichkeit zu tun haben. In rote oder gelbe „Friesennerze" gehüllte Zwerge machen sich besonders gut, wenn sie sich auf den sonnenbeschienenen Sandrippeln tummeln, die bei Ebbe überall auftauchen.

Wenn das Wasser fällt gibt es ganze Hektare dieser **Sandrippel** und bei heller Sonne bilden sie wahnwitzig schöne Muster, an denen man sich gar nicht satt fotografieren kann. Gerade hier gilt: Rein in die Sonne! Zwar sollte man die Kamera nicht direkt in den Stern halten, sonst wird das Bild dunkel geregelt. Doch gerade auf die goldenen und silbernen Reflexionen im Sand kommt es an und vor denen sollte man keine Scheu haben, selbst wenn es im Sucher zittert und funkelt!

Faszinierende Bilder kann man auch machen, indem man die Kamera am **Wassersaum** auf den Sand richtet, der nach dem Überspülen durch eine Welle gerade wieder trocken zu werden beginnt. Im Mittelstadium zwischen nass und trocken bilden sich gleißende Figuren, die im Bild später als grelles Weiß auf tiefem Schwarz erscheinen und das Aussehen von Diamanten haben. Man muss hierfür etwas mit den Einstellungen jonglieren (absichtlich massiv überbelichten), aber die Ergebnisse können geradezu umwerfend sein ...

Auf dem Weg nach Osten gibt es solche Motive in Hülle und Fülle. Auch **was die Flut so auf den Strand geworfen hat** – die kreuzlahme Krabbe, den mit Seepocken bewachsenen Schuh, die schön gemusterte Kompassqualle – lädt die Kamera zur Betätigung ein und verspricht viel schönere Resultate als den Papa beim Drachensteigenlassen.

Weiter landeinwärts kann man prächtige **Naturfotos** aufnehmen. Aber ran ans Motiv! Die beeindruckende Sekundärdünen-Landschaft erscheint auf dem Bild nur als braunes Gekleckse, die Vogelbeertraube dagegen im prallen Rot. Die allerorten umherstolzierenden Fasanenmännchen machen sich am besten, wenn jemand ihnen einen Zwieback vor den Schnabel hält. (Man sollte sie aber nicht füttern und den Keks tunlichst selbst verspeisen.)

Optimal sind stets die wahnwitzigen **Wolkenstimmungen,** die geradezu als Spezialität Spiekeroogs gelten. Hier ist Geduld angesagt. Auf den richtigen Zeitpunkt warten, wenn die Sonne alles Gold in Gold taucht oder spitze Pfeile aus einem Wolkenloch wirft – das kann sich lohnen und spart Speicherplatz.

Führungen und Rundfahrten

Ausflugsfahrten

Die Schiffahrt Spiekeroog unternimmt von April/Mai bis September/Oktober ein- bis dreimal wöchentlich Fahrten zu den **Seehundsbänken** (€ 8), ca. alle zwei Wochen in den **Nationalpark Wattenmeer** (€ 9) und zu den Nachbarinseln **Langeoog** und **Wangerooge** (€ 16). Kinder zahlen jeweils die Hälfte.

Für Gruppen kann auch schon mal ein spezieller **Fischkutter** für eine Tagesfahrt angeheuert werden. Von dieser Möglichkeit machen vor allem die Kinder- und Jugendheime Gebrauch.

Von Mitte/Ende Mai bis ca. Mitte September werden alle zwei Wochen auch Ausflugsfahrten nach **Helgoland** organisiert (€ 28, Kinder € 16, Familien € 76).

● **Info:** Kurverwaltung.

1075s Foto: rh

Ortsführungen Im Sommerhalbjahr werden regelmäßig **historische Dorfführungen** anberaumt. Man muss nicht weit gehen, denn das Dorf ist klein. Kosten: € 3,50 pro Nase, Einzelheiten im Aushang und bei der Kurverwaltung.

Vollmondwanderung Einmal monatlich findet eine **Literarische Wanderung** durch die Dünen und am Strand statt, unterbrochen von Mondgedichten und Erläuterungen zu den Lichtern auf See; am Ende steht eine Gruselgeschichte. Eine hübsche Sache und kostenlos ist das Ganze auch.

Naturkundliche Wanderungen Von ca. Mitte März bis etwa Mitte September (in der übrigen Zeit unregelmäßig) kann man **mit „Vogelzivis"** auf Tour gehen. Kostenlos und spannend!

Wattwanderungen Einen großen Teil des Jahres über werden Touren ins Watt unternommen, jedoch auf unregelmäßiger Basis statt, weil ja alles von den Gezeiten und von Wind und Wetter abhängt.

Im Sommer geht's auch zweimal monatlich **zum Festland** bei Harlesiel mit Rückkehr per Fähre (€ 23, Kinder € 12 inkl. Schiff) ab Neuharlingersiel.

Außerdem werden in den Ferienzeiten wöchentlich (manchmal häufiger) spezielle Exkursionen für **Familien mit Kindern** organisiert. Kosten für eine ca. einstündige Tour: € 3,50, Kinder € 3.

- Kontakte und genaue Zeiten für **alle Wanderungen** werden im Aushang publik gemacht.

Ausflug mit dem Fischkutter

Gastronomie

„Bevor ich irgend 'nen Jabbel kau,
eß' ich doch lieber Kabeljau!"

Anno 1995 war dieser Spruch, geäußert von einem knorrigen Fischermann, noch der Slogan des Fischrestaurants „Capitänshaus" (s. u.). Leider ist er inzwischen abgeschafft worden. Vielleicht weil man den Schnack, einmal gelesen, nie wieder aus dem Gedächtnis verliert – ein fürchterlicher Ohrwurm.

Allgemeines

Ganz offiziell wird davor gewarnt, dass **„im Winter** mit einem stark eingeschränkten gastronomischen Angebot zu rechnen ist". Das sollte man angesichts viel niedrigerer Besucherzahlen auch als gegeben voraussetzen. Verhungern wird man dennoch nicht, denn alles Nötige ist weiterhin vorhanden.

Zudem sei darauf verwiesen, dass der Autor natürlich nicht permanent auf dem neuesten Stand hinsichtlich der **Zuvorkommenheit** des Bedienungspersonals bleiben kann. Bei seinem letzten Besuch der Spiekerooger Speisestätten erfuhr er bis auf eine Ausnahme jedoch überall freundlichste Behandlung.

Lokale

Die Reihenfolge der nachstehenden Restaurants entspricht jener in der offiziellen Ortskarte von Spiekeroog. Außerdem öffnet in der HS der eine oder andere ambulante **Kiosk** (z. B. „Timm's am Hafen"). Auch auf den **Fähren** gibt es stets etwas zu spachteln.

- **Fischrestaurant Capitänshaus**
Noorderloog 11, Tel. 990016.
Jede Menge feinen Fisch gibt es hier in angenehmer, britisch-maritim angehauchter Atmosphäre mitten im Ort. Freundlich. Angeschlossen ist ein kleiner Fischladen.
- **Spiekerooger Teestube**
Noorderpad 1 (Haus Hero), Tel. 204.

Nicht nur Tee, und zwar 31 Sorten, findet man hier (gerne draußen sitzend), sondern auch eine täglich wechselnde Speisekarte mit viel Fischigem. Mo Ruhetag.

● **Café Klönstuv**
Noorderloog 4, Tel. 91050.

Teil des Hotel zur alten Inselkirche. *Klönen* heißt auf Hochdeutsch „sich gemütlich unterhalten" und damit ist die Cafèstube schon ganz gut beschrieben. Außerdem gibt es hausgebackenen Kuchen, leckere Amuse-gueules und, versteht sich, ostfriesischen Tee.

● **Restaurant „Siwalu"** mit **Kneipe „Kap Hoorn"**
Noorderloog 5, Tel. 91940.

Im Hotel zur Linde. Feines Seafood im Restaurant und gepflegte Drinks in der angeschlossenen Kneipe.

● **Restaurant „Spiekerooger Leidenschaft"**
Noorderpad 6, Tel. 70600.

Die „Spiekerooger Leidenschaft" ist eine große Fewo- und Aparthotel-Anlage, zu der natürlich auch ein Restaurant gehört. Selbiges ist von edlem Ambiente und brilliert mit erlesenen Speisefolgen.

● **Restaurant Dünenklause**
Tranpad 11.

Hier kehrt besonders gern ein, wer von einer Wanderung in den Ostteil der Insel zurückkommt, denn die Dünenklause liegt nahe am östlichen Ortsrand. Beliebt ist vor allem die Terrasse am Tranpad mit Blick aufs Publikum.

● **Inselcafé**
Noorderloog 13, Tel. 912010.

Weil die Inselbäckerei dazu gehört, gibt es im Inselcafé immer frische Sachen aus dem Ofen. Auf Eis aus der eigenen Konditorei muss man ebenfalls nicht verzichten, und alles das unter alten Linden. Bei kühlem Wetter kann man sich hingegen in ein gemütliches Kaminzimmer mit Korbsesseln verziehen.

● **SB-Restaurant „Pier 19"**
Noorderloog 19, Tel. 91960.

Früher gab es an dieser Stelle das Café-Restaurant „Dat olle Hus". Viel hat sich unter der neuen Leitung nicht verändert. Es gibt weiterhin gute und preiswerte Gerichte, nur dass man sich jetzt selbst bedienen muss.

● **Restaurant Hotel Inselfriede**
Süderloog 12, Tel. 91920.

In der Friesenstube serviert der Chef persönlich in schönem Ambiente Fangfrisches aus der Nordsee, während man im assoziierten Sir George's Pub den Tag auf irische Art ausklingen lassen kann. Slainte!

● **SB-Restaurant Strandhalle**
Am Badestrand, Tel. 635.

Links geht's auf die Schnelle, rechts ist Cafébetrieb. Beide Lokale sind immer gut belegt, denn das Strandleben macht hungrig. Beim Speisen hat man stets einen schönen

Ausblick auf Strand und See, oft aber auch auf dicke Rauchschwaden der „Nicotinos".

Altes Inselhaus

Süderloog 4, Tel. 473.

Ein altes Haus ist es in der Tat (Bj. 1700) und der Rosengarten gleich dahinter macht es doppelt attraktiv. In dieser gediegenen Umgebung speist man gerne – und gut.

Café-Bistro-Pizzeria „Der Bahnhof"

Westerloog 24, Tel. 1415.

Während man am Terminal auf die Pferdebahn wartet, kann man sich mit allerlei Feinem aus dem Pizzaland stärken, denn hier residiert „Spiekeroogs Italiener". Auch wenn der Zug schon längst abgefahren ist, gibt es hier noch etwas zu essen: „Der Bahnhof" macht erst um 0.30 Uhr dicht!

Kneipe und Biergarten „Blanker Hans"

Wüppspoor 2, Tel. 590.

Hier, exakt gegenüber vom Rosengarten, lässt man es schon am frühen Nachmittag kräftig schäumen! Im zugehörigen **Jans Sand** kann man mit Fisch- und Fleischgerichten dafür die nötigen Grundlagen schaffen.

Imbiss Klabautermann

Noorderloog 17, neben der Bäckerei.

Fisch, Pommes, Salate, alles in reicher Auswahl. Genau das Richtige für den kleinen Hunger der Eiligen. Vielleicht gibt es sogar wieder Tofu. Einfach mal nachfragen.

Gaststätte „Laramie" mit **Café Westend**

Westend 5, Tel. 318.

Ein halbes Stündchen zu Fuß hat man zu gehen, um zu Spiekeroogs urigstem Speiseschuppen zu gelangen, einsam gelegen im Westen der Insel. Oder aber man lässt sich tagsüber mit der Pferdebahn dorthin bringen. Einst gab es im Laramie mal dicke Steaks nach Western-Art, doch nach der Krise herrschen jetzt Pasta, Fisch und kleine Speisen vor. Mi, Fr und Sa kommt im Sommer Leben in die Bude, denn dann mutiert das Laramie zum Westend: Abendlokal mit Musik und Tanz (ab 21 Uhr bis in die Puppen). Man beachte aber: „Bei Hochwasser & Sturm geschlossen". Gleich jenseits der Dünen und der Spundwand kann es bei kräftigem Wind ganz schön branden, bis die Gischt das Anwesen überspritzt – abenteuerlich! Offen: von Ostern bis Ende Oktober, Mo Ruhetag.

Gaststätte „Teetied"

Süderloog 1, Tel. 1593.

Besonders beliebt ist hier die baumbeschattete Süd-Terrasse mit Blick auf den Rosengarten. Serviert werden ein Café-Menü und schmackelige kleine bis größere Speisen.

Imbiss „Meeresfrüchtchen"

Noorderpad 3, Tel. 912021.

Hinter der Bank etwas zurückgelegen, lässt sich der kleine Laden am besten der Nase nach finden – dem guten

Fischgeruch folgend. Hier gibt es frischen Fisch, Räucherwaren, Marinaden, Granat und anderes aus der See. So geschlossen.

- **Kiosk am Campingplatz**
  Kleine Snacks, Kaffee, Kuchen und dergleichen während der sommerlichen Campingsaison.

Hunde

Der Vierbeiner ist auf Spiekeroog **nicht warm willkommen,** was sich schon im strammen Fährpreis bemerkbar macht. In diversen Herbergen hat er überhaupt keinen Zutritt.

Hunde müssen auf der gesamten Insel **an der Leine** geführt werden. Die einzige Ausnahme ist die Freilaufzone am Weststrand (unterhalb der Spundwand).

Am gesamten Badestrand, auf den Zugängen dorthin und auf dem Zeltplatz besteht ein generelles **Hundeverbot.**

Man sieht ständig, dass sich Hundehalter um diese Verordnungen nicht scheren. Spiekeroog kommt solchen Verstößen auch mit viel Toleranz entgegen. Nach der dritten Anlein-Aufforderung platzt dem Inselsheriff jedoch der Kragen, und dann kann's schon mal ein **Knöllchen** setzen.

Noch ernster wird es, wenn der leinenlose Bello **im NSG** auf fröhliche Vogel- und Kleinwildhatz geht. Unser Hund tut das nicht? Weit gefehlt, auch dem bravsten Möppi brennen die Sicherungen durch, wenn ein Vogel vor ihm aufflattert! Falls ein Jäger in der Nähe ist (immerhin gibt es fast 50 auf Spiekeroog), darf er den Wilderer auf der Stelle meucheln, denn um Wilderei handelt es sich hier. Ein Zivi oder Ranger wird die Sache, namentlich bei pampig-uneinsichtigen Reaktionen des Hundehalters, unter Umständen an die Polizei weiterreichen, wo der Spaß dann endgültig amtlichteure Formen annimmt.

- **Literaturtipp:** Der Titel „Verreisen mit Hund" von *Mark Hofmann* bietet wertvolle Hinweise zum Thema, erschienen in der Reihe Praxis im REISE KNOW-HOW Verlag.

Internet

Im „Trockendock" (s.u.) und im Inselnet-Café (Süderloog 49).

Aber natürlich präsentiert sich auch **die Insel** selbst im Netz.

- **www.spiekeroog.de**

Kinder

Insel für Kinder?

Es wäre verfehlt, Spiekeroog eine „typische Kinderinsel" wie vielleicht die Nachbarin Langeoog zu nennen. Die Zwerge gehen in der allgemeinen insularen Szene auf, als gehörten sie dort hin – und das tun sie ja auch. Die Gaststätten haben sich diesem Sachverhalt angepasst: Praktisch überall gibt es spezielle Hochstühle und Miniportionen für das Kind.

Kinderspielhaus

Hilfreich für Eltern, die bei Regenwetter ihren quengelnden Kleinen ein kindgerechtes Ambiente bieten möchten, ist das neue (Jg. 2000) Kinderspielhaus **„Trockendock"** am Noorderpad (gleich strandseitig der Kurverwaltung). In dem ganzjährig geöffneten Hort kann man die Wichtel täglich außer Sa mit allerlei Spielgerät (z. B. einem Kugelbad!) unterhalten. Die schon etwas Größeren dürfen sich auch ohne Elternbegleitung amüsieren. Fachliche Kinderbetreuung findet zwar nicht statt. Dafür gibt's jede Menge Spiele und Bastelangebote und das Personal leitet an zu Holz- und Papierarbeiten, Gipsmasken- und Muschelbilderfertigung, Waffelbackstunden, der Herstellung von Knete, Stofftaschen- und T-Shirt-Bemalung und sogar mit Computern (Internet) wird hantiert. Je nach Dauer und Aufwand ist ein moderater Beitrag von jeweils € 4–8 fällig.

031s Foto: ih

Kleine und Große verstehen sich gut

Kinderspielplätze

Außerdem befindet sich **im Kurpark** ein öffentlicher Kinderspielplatz mit Ententeich und einem richtigen Piratenschiff (an Land). Einen weiteren gibt es am Melksett und am Lütt Slurpad.

Der schönste Spielplatz ist jedoch der **Strand,** zumal dort im Sommer auch einiges an Spielgeräten aufgebaut wird. Und da auf der Insel eine große Anzahl von Jugend- und Kinderheimen existiert, finden sich in der Riesensandkiste immer wieder neue Spielgefährten. Spiekeroog ist eben doch eine typische Kinderinsel – solange die Sonne scheint, versteht sich.

Kirchen

Die putzige, **evangelische Alte Inselkirche** oder „Kark to Spiekeroog" aus dem Jahre 1696 ist das Sahnestück der Insel. Das Kirchlein steht mitten im Ort. Einzelheiten zur Entstehungsgeschichte finden sich unter „Sehenswertes". Die Öffnungszeiten sind etwas unregelmäßig.

Die **Neue Evangelische Kirche** von 1960 hat ein paar sehenswerte Buntglasfenster und beherbergt die so genannte Vertrauensbibliothek. Sie ist täglich geöffnet. Pastorei (für beide Kirchen): Tranpad 15, Tel. 257.

Die **katholische Kirche St. Peter** (1970) steht in den Dünen im Westen des Ortes und fällt durch ihren markanten asymmetrischen Turm auf, der im Gegensatz zur „Kark" nicht jedermann gefallen wird. Täglich geöffnet. Pastorei: Esens, Tel. 04971-4536.

032s Foto: rh

In den Kirchen finden **Konzerte** (klassische und geistliche Musik) sowie **Gesprächsabende** und **Vorträge** statt. Informationen hierzu sowie die jeweiligen Öffnungszeiten finden sich im Aushang und an den Kirchentüren.

Polizei

Für polizeiliche Belange ist auf Spiekeroog ein richtiger **Kriminaloberkommissar** zuständig. Hat er gut zu tun? Nun, so direkt bejahen oder verneinen darf er die Frage nicht, denn bei der Polizei ist ja alles geheim. Etwa 50 Straftaten fallen pro Jahr an, ist ihm zu entlocken. Aber nichts Schlimmes, darunter: Fahrraddiebstahl (zumeist nur „einseitige Ausleihe", oft werden die Radln gar nicht vermisst), wildes Zelten in den Dünen, unangeleinte Hunde (nach der dritten Verwarnung wird der Sheriff ungemütlich) und, man glaubt es kaum, Trunkenheit am Steuer. Tatsächlich musste vor einigen Jahren der Fahrer des Krankenwagens den Führerschein abgeben, weil er zu tief ins Glas geschaut hatte, und auch bei Alkoholkontrollen von E-Karren-Kutschern wird immer wieder sichtbar, dass Alkohol im Straßenverkehr selbst auf einer autofreien Insel kein unbekanntes Problem ist.

- Tranpad 3, Tel. 319.

Presse

Der **„Spiekerooger Inselbote“** hat leider schon vor einigen Jahren sein Erscheinen eingestellt. Was auf dem Eiland vor sich geht, erfährt man seither nur aus Aushängen und bei der Kurverwaltung.

Die **Tageszeitungen** wurden früher von einem Flugzeug abgeworfen. Davon hat man Abstand genommen, weil es zu lärmig war. Heute kommt die Zeitung per Fähre und man erhält sie, auch überregional, in den Supermärkten. Dort gibt es ebenfalls **Zeitschriften,** von der Goldenen Post bis zum Spiegel.

Empfehlenswert ist das monatliche **„Ostfriesland Magazin“** mit vielen Beiträgen über die Inseln und aktuellen Küstenthemen, alles erstklassig aufgemacht.

Ruhezeiten

Von 12 bis 15 und **von 22 bis 9 Uhr** muss der ohnehin schon ausgeprägte Spiekerooger Frieden noch um einige Dezibel unterboten werden. Wer in dieser Zeit Krach macht, kriegt es mit dem Kriminaloberkommissar zu tun. Gegen die Jets aus Wittmund kann allerdings auch er nichts unternehmen und dagegen, dass gleich nach den Pausen überall ratterndes Rasenmähen losgeht, ebenfalls nicht.

Aus dem Inselboten

Nur mal ein paar Jahrgänge aus dem Archiv des alten Inselboten durchzublättern, fördert eine wahre Fülle von Informationsmaterial zu Tage. Einiges ist allerdings auch zum Schreien komisch. Hier ließen sich Journalistik-Studenten anscheinend so richtig in ihrem angehenden Metier aus, ohne ein Blatt vor den Mund zu nehmen. Ein Querschnitt aus den Jahren 1991–95 enthält zum Beispiel folgende Höhepunkte:

„Vogelschiß wird im Dorf zur Plage“: Der kollektive Verdauungsabschluß von Staren, Krähen und Tauben führt zu mannigfachen Problemen, namentlich auf der Südterrasse des Cafés „Teetied“. Resumé: „Die Lage bleibt weiter beschissen.“

„Inselbote verteilt Pobäckchen“: Mit selbigen wird die Sitzqualität diverser Ruhebänke beurteilt. Drei Backen, wiederholt vergeben, stehen für die höchste Klasse.

„Hasch-Anbau: Polizei griff ein“: Einem Tipp von Brombeersammlern folgend, findet Kriminalkommissar *Hans-Dieter Hüfner* zwei Cannabis-Pflanzen im Gebüsch und zieht sie amtlich-ernst aus dem Verkehr.

„Wann hört der Wahnsinn auf? – Verkehrsrowdies auf Spiekeroog – (Foto): Zwei Bollerwagen stoßen in der Spiekerooger Rush-Hour zusammen. Die Teddybären plumpsen auf den Boden. Schon ist der Schmerz groß.“

„Rekord-Torte auf Spiekeroog – Fast 2 Meter Durchmesser und 100 Kilo schwer“... „rekordverdächtiges Käse-Sahnemonstrum ...“

„Abiturfeier an der Hermann-Lietz-Schule durch Röteln gestört!“

„Bergungsaktion ‚Stück aus dem Tollhaus'“: Ein Radlader fährt sich am Westend im Matsch fest. Ein Bagger will ihn hinausziehen, bleibt ebenfalls stecken und sinkt immer tiefer. Die Flut kommt, beide Fahrzeuge blubbern ab. Schaden: 250.000 Mark.

Und so weiter. Sag da einer, Spiekeroog sei „dröge“ und es gäbe nichts zum Lachen!

Sport

Auch auf dem sportiven Sektor geht es zahm zu auf Spiekeroog, wie sollte es auch anders sein. Da gibt es nichts Lärmiges und Fetziges und vor allem nichts, was klobige Gerätschaften voraussetzt.

Angeln

Der Angelsport kann an der Seeseite überall außerhalb des Hauptbadestrandes ausgeübt werden und ein Schein ist auch nicht erforderlich.

Fußball

Unmittelbar rechts vom Hafen (von der See aus gesehen) befindet sich vor dem Deich ein Bolzplatz. Es handelt sich um ein schlichtes Rasenrechteck, aber dort kann jederzeit ein Fußballmatch ausgetragen werden.

Lenkdrachenfliegen

„Kraft, Risikobereitschaft und Ausdauer erfordert dieser Sport“, heißt es in einem Inseltext zu dieser schönen Aktivität, die den alten Menschheitstraum vom unbeschwerten Fliegen aufleben lässt. Es gibt allerdings auch andere Sichtweisen (siehe Exkurs) – nicht unbedingt die des Autors.

Go fly a kite!

„Geh ‘nen Drachen fliegen!“, heißt das (aus dem Amerikanischen) auf Deutsch. Und die Aufforderung ist gar nicht lieb gemeint. Sie bedeutet explizit „hau ab!“ oder, schlimmer noch, „verpiss dich!“. Diejenigen, die diesen frommen Wunsch äußern, sind stets Frauen und die Adressaten Männer, die ihn vor allem zu hören bekommen, wenn ihr Balzgesang den Ladies auf den Keks geht.

Auch *Annette C. Anton,* Koautorin von „Was die Welt nicht braucht“ (Piper Verlag), wendet sich spezifisch an das Mannsvolk, wenn sie die „mit schwachen Ärmchen an den beiden Schnüren zerrenden“ Lenkdrachenpiloten als „ästhetische Probleme“ am Strand beschreibt und auch erklärt, weshalb man nie Frauen mit den Apparaten sieht: „Letztendlich geht es nämlich nur um eins: ihn hochkriegen und möglichst lange oben behalten.“ Spielverderberinnen! Man rufe ihnen zu: „Go fly a kite!“

Drachen „und andere Flugkörper" sind auf Spiekeroog generell **erlaubt,** jedoch nicht am Hauptbadestrand und am Strandabschnitt Damenpad sowie im Umkreis von 300 Metern des Hubschrauber-Landeplatzes. Darüber haben sich manche Drachenfreaks, die auf schwachen Beinchen keine weiter entfernten Strände zu erreichen vermochten, bitter beschwert. Doch es gab durchaus Veranlassung für diese **Einschränkungen.** Drachenfreunde sollten bedenken, dass für Strandläufer keine Ausweichpflicht besteht und dass es böse Ärger geben kann, wenn denen solch ein Vogel vor den Kopf knallt. Außerdem können Pferde ziemlich bockig auf die Flugkörper reagieren. Wenn dann der Reiter im Dreck landet, ist ebenfalls Zoff zu erwarten.

Minigolf

Eine kleine Anlage befindet sich neben dem Kinderspielhaus bei der Kurverwaltung. Dort kann man auch Freischach spielen.

Programm der Kurverwaltung

Von März bis Oktober und um den Jahreswechsel bietet ein von der Verwaltung eingesetztes Team ein **abwechslungsreiches Sportprogramm** am Strand und in der Strandsporthalle, dem man sich zum Nulltarif anschließen kann. Außer Gymnastik ist Beachvolley- und Basketball, Tischtennis und diverses anderes mehr im Angebot. Selbst auf „Purzelturnen" und Akrobatik (Einradfahren und Jonglieren) muss man nicht verzichten. Es ist sogar möglich, die Insel ordengeschmückt zu verlassen, nach dem Erwerb des Deutschen Sportabzeichens nämlich; dafür ist allerdings ein kleiner Obolus erforderlich.

Reiten

Spiekeroog ist eine **Insel der Pferde,** was in einer autofreien Umgebung ja auch allemal angebracht ist. Den Rössern wird sogar erlaubt, in der Ruhezone des Nationalparks zu weiden – wo sollten sie sonst auch hin? **Zwei Reitställe** gibt es auf Spiekeroog:

033s Foto: rp

Islandhof

Up de Höcht 5, Tel. 219, Fax 217.

Nomen ist omen, denn hier gibt es richtige Islandpferde, die im rauen Nordseeklima eine artgerechte Heimat gefunden haben (siehe Exkurs). *Frauke Füth* und ihre Helferinnen bieten abenteuerliche Ausritte auf den geduldigen Pferdchen an. Eine Tour, die bis zur Ostspitze der Insel führt, dauert immerhin vier Stunden. Der Islandhof hat zudem spezielle Abendritte für Jugendliche und Erwachsene im Programm, bringt Anfängern den Sport bei und setzt (im Mai, Juni und September) auch schon mal die Allerkleinsten zwecks Eingewöhnung in den Sattel. Ganzjährig finden auf dem Islandhof Intensivreitkurse mit gemeinsamem Wohnen in einem Gästehaus statt.

Preise in €:

Ausritt für Anfänger, 1 Std. Reiten, insg. ca. 2 Std.	14
Mit Vorkenntnissen, ca. 1,5 Std. Reiten, insg. 3–4 Std.	22
Zur Ostspitze, ca. 4 Std. Reiten, insg. 6 Std.	44
Zehnerkarte	198
Unterricht, 1,5 Std.	18
Reiten auf geführten Pferden, 1 Std.	11

Ausritte am Strand sind immer ein besonderes Erlebnis

● **Reitstall Petschat**
Achtern d'Diek, Tel./Fax 1401.

Die Reithalle ist im Spiekerooger Gewerbegebiet etwas abgelegen. *Petschat* unternimmt in der Saison täglich Ausritte zum Strand und bietet Unterricht für Anfänger und Fortgeschrittene in der Reithalle und auf dem Reitplatz. Außerdem werden Kutschfahrten offeriert. Man kann auch seine eigene Kutsche mieten. Die Preise liegen ähnlich wie beim Islandhof.

Unter Wikingern

Mit dem Namen „Wikinger" sind Spiekeroogs Islandpferde allesamt ein bisschen fehlbenannt, denn es handelt sich um keine Nachfahren normannischer Piraten, sondern um ausgesprochen **friedfertige Pferdchen.** Sie werden in der Tat besonders gerne von Anfängern und Kindern geritten, weil sie so gemütvoll sind und weil man von ihren breiten Rücken kaum herunterfallen kann. Denn eine ganz bestimmte Gangart, der „Tölt", sorgt dafür, dass ein Fuß des Pferdes immer den Boden berührt. Dadurch artet der Ritt nicht zu einer Hoppelei aus.

Der maritime Bezug ist aber da, denn die insulare Basis für Ausritte (der Sommerstall) ist Spiekeroogs **alter Rettungsschuppen.** Es ist Ostfrieslands ältester – ein Gemäuer von uriger Schlichtheit, das in die Landschaft passt wie kein anderes auf der Insel, mit Ausnahme der alten Kirche vielleicht.

Auf Tour geht es mit bis zu 30 Pferden, die alle isländische Namen tragen. Da gibt es *Hofsi,* den „kleinen Huf", *Fala,* die „Riesenfrau", *Toppur,* den „Schopf", *Sörli,* das „berühmte Ross", *Gritti,* den „Wiesenpieper", und *Bjatla,* das „Glöckchen". Vor dem Ausritt müssen die Pferde auf den Weiden nach Cowboy-Art „eingefangen" werden, wobei es im tiefen Matsch recht abenteuerlich zugehen kann. Das Putzen und Satteln wird in der Regel ebenfalls von den Gästen vorgenommen.

Auch **im Winter** bleiben die Isländer auf der Weide. Sie sind dann sogar richtig in ihrem Element, wenn ihnen ein dickes, struppiges Fell wächst. Wenn's ganz hart kommt, finden sie in einem Winterstall auf halbem Weg zum Campingplatz ein Obdach. Nur bei extremen Sturmfluten werden sie freigelassen, um instinktsicher vor dem Wasser davonlaufen zu können. Dann sieht man sie schon mal durch den Ort galoppieren – und niemand wundert sich darüber.

Schlag-, Volleyball

Ein traditionelles Schlag- und Volleyballturnier zwischen Spiekeroog und Langeoog findet jedes Jahr Ende Juli bis Anfang August statt.

Schwimmen

An allererster Stelle gehört natürlich der nasse Sport zu einem Aufenthalt auf Spiekeroog, und zwar in der Nordsee (siehe dazu „Strände").

Wem das Wasser dort zu kalt und das Klima zu rau erscheint, der kann auf das **Inselbad „Schwimmdock"** ausweichen, wo zwar das gleiche Seewasser anzutreffen ist, aber auf mollige 30 Grad erwärmt. Das gleich hinter der Kurverwaltung gelegene Schwimmbad aus dem Jahre 1973 wurde 1996 grundlegend renoviert und bietet allen Komfort, darunter: Wassergymnastik, Kurmittelanwendungen, Schwimmkurse, Sauna.

Von der ersten Januar- bis zur zweiten Februarwoche ist das Bad geschlossen. Info: Tel. 919363.

Segeln

Die Gewässer um Spiekeroog gelten als Segelrevier erster Klasse.

Am Pfingstsonntag wird jeweils die so genannte **Seestern-Gedächtnis-Regatta** mit abendlichem Regattaball in der Segelhalle abgehalten.

- Segeln unter Küstenrevierbedingungen kann man auch in der Spiekerooger **Segelschule Klasing** lernen (Westend 10, Tel. 680, Fax 990001). Geboten werden: zwangloses Mitsegeln in kleinen Gruppen auf dem Watt und vor der Insel, Anfängerkurse, Segelgrundschein VDS, Sportbootführerschein-Binnen, BR-Praxis in Form von Halbtagestörns, Prüfungsvorbereitung, Meilenbestätigung. Die Klasing-Schule ist bewusst klein gehalten. Dadurch ergibt sich eine freundschaftliche, persönliche Atmosphäre, in der es nicht nur ums Geld geht.
- **Literaturtipp:** Hilfreich ist der im Reise Know-How Verlag erschienene Praxis-Titel „Küstensegeln" von *Wilfried Krusekopf.*

Strandsegeln

Es gibt einige wenige Strandsegelfahrzeuge auf Spiekeroog, die in der NS in Fahrt gesetzt werden. Details teilt die Kurverwaltung mit.

070s Foto: rh

Spiekeroog ist ein beliebtes Segelrevier

Tennis

Die **„Tennisanlage Spiekeroog"** befindet sich neben dem Schwimmbad und „besteht aus drei Allwetterplätzen mit quarzsandgefülltem Kunstrasen sowie einem Umkleidehäuschen mit WC, einem Aufenthaltsraum im Vermietungshäuschen und einer Sonnenterrasse". Tennis spielen kann man auch, der Schnupperkurs für Einsteiger (5 Std.) kostet € 55. Die Anlage ist von April bis Oktober geöffnet.

Beliebt ist das alljährliche Bäderturnier im Sommer mit Einzel- und Doppelkonkurrenzen. Außerdem gibt es Einzel- und Gruppenunterricht, Kurse für Kinder, Familien und Senioren sowie Schnupperprogramme für Einsteiger und Erfahrene.

Auch Pauschalangebote wie 5 Tage Tennis mit Ü/HP im Hotel Upstalsboom für € 445 sind im Programm. Man melde sich bei *Ingo Huth,* Tel. 470 oder Fax 706481.

Wandern

Auf einer Insel ohne fahrbare Fortbewegungsmittel zählt das Wandern natürlich als Aktivität Nummer eins. Das gesamte, recht **ausgedehnte Wegenetz** Spiekeroogs (siehe Karte im Umschlag vorn) setzt sich aus grün gekennzeichneten Wander- und einigen rot markierten Reitpfaden zusammen.

Außerdem kann man den **Nordseestrand** von einem Ende zum anderen unter die Füße nehmen. Da der Ort jedoch ziemlich weit im Westen liegt, denke man immer daran, dass man von jeder Unternehmung auch dorthin zurück muss. Namentlich bei Exkursionen zum Ostende kommen hin und zurück diverse Kilometer zusammen. Man konsultiere auch die Tidentabelle. Bei Hochwasser muss man nämlich durch losen Sand ackern, was ganz schön in die Beine geht. Und wenn eine Sturmflut den Pegel noch weiter steigen lässt, gilt es unter Umständen sogar zu waten ...

Von Abstechern in die **Dünen** sehe man ab. Das ist nicht nur wegen der entstehenden Trittschäden und der Zerstörung der Vegetation verboten, (wird aber nur mit höflichen Bitten untersagt – das

035s Foto: rh

ist Spiekeroog!), sondern vergrämt auch die in den Dünen lebende Kleintierwelt. Zugelassene Wege vom Strand ins Innere der Insel sind durch ein Doppelbalkenkreuz gekennzeichnet.

Windsurfen

Der Brettlsport ist überall außerhalb des Badestrandes und des NSG Wattenmeer erlaubt. Man muss jedoch das eigene Board mitbringen, denn auf der Insel gibt es **weder Surfschule noch Verleih.** Die Mitnahme auf der Fähre kostet herbe € 20, aber immerhin hin und zurück. Dieserart wird den Surfern durch die Blume zu verstehen gegeben, dass sie, wie die Radfahrer, zwar toleriert werden, aber nicht glühend heiß willkommen sind. Zwar ist das Spiekerooger Revier bestimmt nicht das schlechteste, doch man scheint auf dem Eiland zu fühlen, dass rasende Bretterei irgendwie nicht zum insularen Image passt.

Bei strammem Wind macht das Surfen Spaß

Strände

Unverbauter Strand

Nur am Westende der Insel gibt es eine Anzahl von Buhnen, wie die im rechten Winkel in die See stoßenden Steinwälle zur Uferbefestigung genannt werden. Überhaupt ist der ganze so genannte **Westkopf,** der den schwersten Ansturm der See abzuwettern hat, mit Deckwerken, Sicherungsflächen und Spundwänden (wasserdichten Eisenwänden) befestigt und sieht nicht gerade schön aus. Aber das muss sein, damit die Küste hier nicht davonschwimmt. Wenn die Nordsee gegen dieses Bollwerk anschmettert, erhält man auch eine ganz gute Vorstellung davon, was ohne Schutz alles so zu Bruch gehen könnte.

Ansonsten ist der Spiekerooger Strand auf ganzer Länge unverbaut und weitet sich vor allem nach Osten hin bei Niedrigwasser zu enormer Breite. **Saharische Impressionen** sind garantiert! Begangen werden darf der dortige, zur Ruhezone des Nationalparks gehörende Strand aber lediglich bis hinauf zur Hochwasserlinie. Auf der Wattseite ist ohnehin überall NSG.

036s Foto: rh

- In der Saison werden die Badestrände 8–18 Uhr bewacht. Die **DLRG-Flagge** wird dann aufgezogen.
- Die in diese Periode fallenden spezifischen, von Hoch- und Niedrigwasser abhängigen **Badezeiten** werden auf Tafeln vor den Wachbuden angezeigt.
- Bei einem Badeverbot für Nichtschwimmer flattert ein **rotes Fähnchen.** Zwei davon werden gesetzt, wenn es ernst wird; dann müssen auch Schwimmer das Wasser verlassen.

Baden

Das Baden ist offiziell nur an den **bewachten Stränden** erlaubt, die einen knappen Kilometer vor dem Ort liegen. Die mit Stangen abgegrenzten Areale für die Wasserfreuden sind allerdings ziemlich klein. Wer anderswo badet, tut selbiges, wie es so unglücklich heißt, „auf eigene Gefahr".

Einige abgelegene Strandstriche mögen in der Tat „sicherer" sein, als die bewachten Gebiete. Denn parallel zu denen ziehen sich Sandbänke die Küste entlang und in den dazwischen liegenden Rinnen fegen, namentlich bei ablaufendem Wasser und starkem Wellengang, beträchtliche **Strömungen** auf die offene See hinaus. Warnschilder weisen auf diese Gefahren hin. Man nehme sie absolut ernst, denn die Strömungen lassen ein Gegenanschwimmen nicht zu.

Eine nicht sehr gute Idee ist auch, die genannten Sandbänke als Schwimmziel zu wählen; dort kann man unter Umständen lange festsitzen und sich furchtbar verkühlen. Die Warnungen gelten doppelt für die „Baljen" zwischen den Inseln – dort ist das Baden jederzeit lebensgefährlich. „Mal eben" nach Wangerooge oder Langeoog hinüberzuschwimmen, ist nicht drin.

Burgenbau Auf manchen Nordseeinseln darf man keine Burgen bauen, auf anderen runzelt man wegen der Sandkastelle die Stirn. Auf Spiekeroog ist die Buddelei **ausdrücklich erlaubt,** weiß man doch, dass es um des deutschen Kurgastes liebste und so gut wie unverzichtbare Beschäftigung geht. Der Drang, etwas auszuheben, aufzuwerfen, zu erbauen, verlässt die tüchtigen Germanen auch nicht auf einem von ruhiger Erholung und Dolce far niente geprägten Eiland. Da es keinen Rasen zu mähen und keine Hecke zu scheren gibt, muss der unschuldige Sand für Bauarbeiten herhalten. Deshalb sieht man den Papa (selten die Mama) unermüdlich die Schaufel schwingen, wenn der Junior schon längst greinend aufgegeben hat, gilt es doch, dem Strandnachbarn klar zu machen, dass man, wenn man auf der autofreien Insel schon nicht das dickste Kfz vorzuzeigen vermag, zumindest auf den Besitz der stolzesten Burg verweisen kann. Nur zu! Man denke lediglich daran, und darum wird ausdrücklich gebeten, die Strandkörbe nicht in die Konstruktionen einzubeziehen. Füllt sich die Sandkuhle bei Hochflut nämlich mit Wasser, sitzen die Körbe alsbald wie einbetoniert fest. Das stinkt deren Eigentümern sehr, von denen man in dieser Situation kräftiges Friesenvokabular lernen kann.

FKK Nacktheit ist auf Spiekeroog **nicht offiziell im Programm.** Wer an fernen Stränden die Hüllen unzwanghaft fallen lassen möchte, kann das aber ungestraft tun.

Strandkörbe Die nordseetypischen Flechtmöbel stehen in der Saisonzeit zur Verfügung und können bei der Kurverwaltung oder auch am Buchungswagen oben am Zugang zum Hauptbadestrand gemietet werden. Mehr noch empfiehlt sich allerdings eine (mindestens vierwöchige) Vorausbuchung, weil die Körbe in der HS leicht zur Gänze belegt sein können. Der Gastgeberliste liegt ein entsprechen-

037s Foto: rh

des Formular bei. Außerdem gibt's bei dieser Methode einen dreiprozentigen Rabatt!

● **Tagesmietpreise:**

bei Mietdauer bis 4 Tage	€ 6,80
bei Mietdauer ab 4 Tagen	€ 6,30
bei Mietdauer ab 7 Tagen	€ 5,80

An Strandkörben herrscht kein Mangel

Die Qualle übers Weltmeer segelt ...

In jüngerer Zeit sind an den Nordseestränden in zunehmendem Maße Quallen aufgetreten. Das ist nicht pfui, sondern ein gutes Zeichen, nämlich für **verbesserte Wasserqualität.** Und selbst wenn an manchen Tagen alle paar Meter solch ein gestrandetes Urvieh auf dem Trockenen liegt, ist das kein Hinweis auf ein allgemeines „Quallensterben", sondern ein ganz normales Phänomen. Auch die Glibbermonster müssen einmal mit dem Leben abschließen.

Einige Arten brennen bei Kollisionen mit Schwimmern auf der Haut, so genannte **„Feuerquallen"** sogar recht heftig. Die Portugiesischen Galeeren, die sich hinter diesem Spitznamen verbergen, zeigen ein blaues, blasiges „Segel" an der Oberfläche und ziehen meterlange, haardünne Fangfäden hinter sich her, die bei Berührung in der Tat feurig ziepen und manchen empfindlichen Badenden arg zu schaffen machen. Die Galeeren sind jedoch eher selten und Schwimmer überdies durch Sonnenöl auf der Haut gut geschützt. Eine großzügige Anwendung lohnt sich also, auch wenn die Sonne nicht scheint.

Bei Quallenberührung im Wasser suche man die Strandwärterbude auf, wo es ein Gegenmittel gibt. Ein Fläschchen mit Essig im eigenen Strandgepäck erübrigt diesen Gang, denn Saures gibt den Nesselgiften Saures. Die betroffenen Stellen nicht mit Sand abreiben, wie manchmal empfohlen wird. Dadurch verschlimmert sich die Sache nur.

Quallen auf dem Trockenen sind harmlos. Manche Witzbolde setzen sich die massiven Wurzelmundquallen sogar als Sturzhelme auf den Kopf und lassen sich ob ihrer Kühnheit bewundern. Es ist nichts dabei; man könnte sich genauso gut einen Pudding aufs Haupt stülpen. Außerdem sind die lieben Tierchen schon längst nicht mehr am Leben. Sie können folglich, wie manchmal geargwöhnt wird, auch nicht „gequält" werden.

Keine Angst also vor Quallen. In anderen Ländern (Ostasien) werden sie sogar als Delikatesse verspeist – „Monstren" sind sie also ganz bestimmt nicht.

Unterhaltung

Allgemeines Spiekeroog hat kaum Unterhaltung, Spiekeroog *ist* Unterhaltung. Wer unter diesem Leitstern die Insel besucht, wird sich dort gut aufgehoben fühlen. Für jene andererseits, denen zum Stichwort Unterhaltung nichts anderes als Lärm einfällt, ist Spiekeroog das falsche Ziel. Eine Insel, die nah und fern einen Ruf als **Oase der Stille** genießt, wird mit Leuten, die dort Remmidemmi machen wollen, weil sie Lärm mit Kraft verwechseln und sich dieserart selbst darstellen wollen, ziemlich derb ins Gericht gehen und sie ärgstenfalls dorthin verweisen, wo sie herkamen. Den Betrieb von Gettoblastern am Strand oder lautstarke Partys in der Pension kann man sich also getrost abspecken. Und dies gilt nicht nur für die oben genannten offiziellen Ruhezeiten, sondern für 24 Stunden am Tag.

Büchereien **Im evangelischen Gemeindehaus** gibt es eine Leihbibliothek, in der gegen Vorlage der Kurkarte kostenlos Bücher und Spiele entliehen werden können.

Die „Vertrauensbibliothek" befindet sich **in der Neuen Evangelischen Kirche.**

Disco? So weit käm's noch, dass auf der stillen Insel eine Disco hämmerte! Allerdings bietet das „Laramie" (siehe „Gaststätten") einen gewissen Ersatz, denn in dem abgelegenen Lokal wird schon mal schräge Musik gemacht.

Dorffest Alljährlich Ende Juni/Anfang August und dann ist wirklich mal Remmidemmi auf Spiekeroog.

Dünensingen Zu Pfingsten und von Ende Juni bis Anfang August.

Heiraten Wer eine Eheschließung unterhaltsam findet, kann die standesamtliche Zeremonie im Obergeschoss

038s Foto: rh

des **Inselmuseums** vornehmen lassen. Der Saal ist zwar nicht sehr groß und ein wenig trist, aber es soll ja erst nach der Trauung so richtig schön werden. Info gibt's unter: Tel. 9193-101.

Kino Von März bis Oktober ein- bis dreimal wöchentlich im **Kursaal.** Mit € 3,50–5 ist man dabei.

Am Lesepavillon geht es ruhig zu

Konzerte Von Mitte Juni bis Ende August/Anfang September finden wöchentliche Kurgartenkonzerte **unter freiem Himmel** mit wechselnden Gruppen (Jazz, Tanzmusik, Oldies, Irishfolk u.a.m.) statt. Außerdem unregelmäßig Konzerte des Spiekerooger Musikvereins. Gratis.

Leseecke In der Kurtax-Anmeldung liegen **Tageszeitungen** und **Magazine** für Leser gratis bereit.

Literarischer Abend **„Geschichten zur Nacht für Erwachsene"** kann man bei Kerzenschein und Getränken im Lesepavillon in den Dünen (zwischen Kurverwaltung und Strand) hören. Die Lesungen aus der „höheren und niederen" Weltliteratur finden zweimal wöchentlich nach Sonnenuntergang statt und sind kostenlos. Getränke gibt's zum Selbstkostenpreis.

Pavillon Im Pavillon **vor dem Rathaus** finden sich immer wieder Spaziergänger ein. Unterhaltung kommt dann ganz von selbst auf.

Programm der Kurverwaltung Von März bis Oktober und in den Weihnachtsferien bietet die Kurverwaltung einiges an Programmen, um die Gäste zu unterhalten. Da gibt es Diavorträge, Filmvorführungen, Tanzabende, Konzerte, Fragestunden, Theatervorstellungen, Lustspiele, Referate - eine **bunte Mischung.** Das meiste findet im Kursaal statt und kostet von € 2,50–10. Einzelheiten im Aushang und über das Internet: www.spiekeroog.de.

Spielfeste und Basare Aktionen, die auf dem Gelände des **Kinderkurheims „Stranddistel"** organisiert werden.

Tage der offenen Tür Sporadisch bei der **Inselfeuerwehr.**

Zirkus Der **„Kinder-Mitmachzirkus Balloni"** tritt in den Sommerferien im Kurgartenzelt in Aktion.

Unterkunft

Allgemeines

Die Spiekerooger Unterkünfte sind durchweg solide, gut und preiswert. Ruhig, primäres insulares Kriterium, sind sie alle.

Nur drei **Hotels** plus sechs **Hotels garni** gibt es auf Spiekeroog. Alle neune passen sich harmonisch dem Inselbild an und schrecklich teuer sind sie überhaupt nicht.

Nichtraucher wünschen sich vielleicht, dass man ihnen in den Zimmer- und Ferienhaus-Kategorien etwas mehr entgegenkäme, aber da mag sich in naher Zukunft eine Angleichung an die anderen Inseln ergeben. Noch fürchtet man offenbar, das substanzielle Rauchersegment unter den Gästen zu vergrämen.

Wer gegen nächtlichen Lichteinfall empfindlich ist, frage vorsichtshalber an, ob eine Straßenlaterne direkt vor dem Fenster steht. Gegen Lärmsmog ist man auf Spiekeroog höchst erfolgreich vorgegangen, gegen **Lichtsmog** nicht überall.

„Strandnähe" kommt bei den Unterkünften nirgendwo zum Tragen, weil der Ort mit den Herbergen ja ein gutes Stück landeinwärts liegt. Einige Klausen sind dem Strand natürlich ein paar Meter näher als andere – aber das macht den Kohl nun wirklich nicht fett.

Die meisten Hotels haben **Telefon** auf dem Zimmer. Es gibt auch eine Spalte für **Faxe** im Gastgeberverzeichnis, aber kein einziges Hotel hat eines auf Stube. Wer in den Ferien nicht ohne Faxen auszukommen glaubt, der wende sich an seine Rezeption.

Extras wie „Farb-TV" (gibt's überhaupt noch schwarz-weiße?) sind wirklich nichts Besonderes und sollten nicht preistreibend wirken.

Preise

Die Preise verstehen sich als Minima für eine Person im DZ während der HS. Die Eckdaten derselben lasse man sich vorsichtshalber vor Vertragsabschluss noch einmal definieren, weil sie u. U. von der offiziellen HS abweichen.

Auch die **in diesem Buch aufgeführten Preise** gelten für jeweils eine Person im Doppelzimmer, soweit keine anderen Angaben gemacht sind. Bei Ferienwohnungen ist von der Belegung der gesamten Einheit auszugehen; es gelten demnach andere Bedingungen.

Folgende **Symbole** entsprechen den jeweiligen Preisskalen in Euro:

Symbol	Euro
€	bis 30
€€	30–50
€€€	50–70
€€€€	70–100
€€€€€	> 100

Die im Folgenden genannten Beherbergungsbetriebe sind zumeist alphabetisch aufgelistet. Ihre Reihenfolge entspricht jener in der Spiekerooger Gastgeberliste und unterliegt keiner wie immer gearteten Wertung.

Mehrsterne-Hotels

- **Hotel Inselfriede**€€€
Süderloog 12, Tel. 91920, Fax 919266,
E-Mail: inselfriede.spiekeroog@t-online.de

Unmittelbar gegenüber der Alten Inselkirche gelegen, macht dieses Viersterne-Hotel seinem Namen alle Ehre, und das trotz zentraler Lage (Spiekeroog ist eben überall friedlich). Es gibt Schwimmbad, Whirlpool, Solarien und Sauna. Außerdem ist im Preis natürlich ein üppiges Frühstücksbüfett enthalten.

- **Hotel zur Linde**€€
Noorderloog 5, Tel. 91940, Fax 919430,
E-Mail: hotelzurlinde@t-online.de

Das Traditionshaus erfreut sich dreier Sterne und strahlt solide Gemütlichkeit aus. Auch die Linden existieren wirklich (was bei Namensgebungen keineswegs immer selbstverständlich ist) und tragen zu einem „typisch Spiekerooger Ambiente" bei. Auch hier kann man, versteht sich, von einem reichhaltigen Büffet frühstücken.

- **Hotel Upstalsboom**€€
Pollerdiek 4, Tel. 91110, Fax 9111200,
E-Mail: spiekeroog@upstalsboom.de

Der moderne Dreisterner liegt gleich am hafenseitigen Eingang des Inseldorfes mit Ausblick auf das Fährgeschehen und das Watt. Es gibt auch Sondertarife - anfragen lohnt sich!

Mittelklasse-Hotels (garni)

• **Strandidyll**€€
Wittdün 1, Tel. 358, Fax 1568,
E-Mail: info@strandidyll.eu

Das gemütliche Hotel garni hat drei Sterne und ist klein und fein. Man kann in eine hoteleigene Sauna gehen. Im Preis ist ein Schlemmerfrühstück enthalten.

• **Hotel zur alten Inselkirche**€€€
Noorderloog 4, Tel. 91050, Fax 910525,
E-Mail: hotel_zur_alten_inselkirche@gmx.de

Gleich in der Nachbarschaft der alten Kapelle liegt dieses gediegene Hotelchen mit zum Teil antik eingerichteten Zimmern und einem prächtigen Garten. Lauschig, behaglich und preiswert.

• **Haus Orion**€€-€€€
Bi d'Utkiek 16, Tel. 213, Fax 912064,
www.spiekeroog-online-de/Haus-Orion

Zentral gelegen, mit schönem Obstgarten.

• **Haus am Park**€€
In d'Kamp 12, Tel. 912944, Fax 912011,
E-Mail: info@haus-am-park.com

Fewos in grüner Umgebung und mit großem Garten.

• **Haus Seelust**€€
Süderloog 21, Tel. 225, Fax 697.

Hübsches Haus im altostfriesischen Inselstil.

• **„Uns to Huus"**€€
Süderloog 25, Tel. 1443, Fax 565,
E-Mail: kontakt@unstohuus.de

Gemütliche Klause mit Wattenblick.

Pensionen

Die zehn Einheiten dieser Kategorie sind großenteils in **hübschen Häusern** untergebracht, die zur Hälfte Nichtraucherklausen sind. Mit oder ohne Frühstück kann man ab € 20 bei *Helga Steffens* wohnen (Wittdün 10, Tel. 1446). Das Mittelfeld der Pensionen liegt etwas über € 30. In der HS und NS zahlt man in den meisten Häusern das Gleiche. Achtung: Ungefähr die Hälfte der Häuser hat im Winter geschlossen!

Privatvermieter

Auch hier gibt's Frühstück. Die vier Klausen dieser Art machen zum Teil kleine Preisunterschiede zwischen HS und NS. Die meisten sind ganzjährig in

Betrieb. **Preise** beginnen bei € 15 *(Köllmann,* Up de Dünen, Tel. 343) und setzen sich bis € 35 fort.

Privatvermieter mit Küchenbenutzung

Achtung: Der **Begriff „Küchenbenutzung"** wird von den Spiekerooger Vermietern sehr unterschiedlich ausgelegt. Manche haben nichts dagegen, wenn sich der Gast zu jeder Mahlzeit in der Küche betätigt. Andere lassen die Gäste überhaupt nicht an den Herd, sondern spannen die Wirtin für die Aufgabe ein – gewöhnlich nur zur Frühstückszeit, wenn Kaffee, Tee und höchstens mal ein gekochtes Ei bereitet werden. Wieder andere stellen € 1–1,50 zusätzlich in Rechnung. Das Prozedere sollte vor der Buchung in allen Einzelheiten abgeklärt werden, damit es vor Ort keinen Zoff gibt.

Mit einer Ausnahme sind alle Herbergen dieser Art im Winter geschlossen. Mehrere Häuser nehmen nur Nichtraucher auf.

Die **Preise** für diese Kategorie beginnen bei gemütlichen € 11 pro Person im Zweibettzimmer *(Janssen,* Süderloog 23, Tel. 286) und erreichen ein Maximum von € 17.

Ferienwohnungen und -häuser

Diese Kategorie füllt allein sechs Seiten in der Gastgeberliste; man weiß gar nicht, wo das kleine Dorf Spiekeroog sie alle unterbringt. Die **Preise** variieren wie üblich stark von einer Jahreszeit zur anderen. Hier und da kostet eine Fewo in der NS nur die Hälfte. Pro Kopf umgerechnet ergeben sich in den meisten Fällen mithin sehr annehmbare Einzelpreise.

Die meisten Ferienhäuser sind dem insularen Baustil ganz gut angepasst und zum Teil recht kuschelig. Ansichten in der Gastgeberliste helfen bei der Entscheidung. Hübsch und „insular" ist nach dem Geschmack des Autors das allein auf hoher Düne stehende **Haus Klasing** (Westend 10, Tel. 230), in dem man überdies nicht raucht und ein vollwertig-biologisches Frühstück vorgesetzt bekommt. Auch das **„Gelbe Haus"** (siehe „Sehenswertes") macht einen sehr einladenden Eindruck.

Wiederholt kommt noch die unselige **„Endreinigung"** zum Tragen, mitunter sogar recht happig. (Bei 90 € hört der Spaß nun wirklich auf.) Dieser Posten ist eigentlich schon seit 1992 gesetzlich abgeschafft und darf nur „auf freiwilliger Basis" erhoben werden – man achte darauf. Allerdings sind auf Spiekeroog auch Horrorlegenden in Umlauf, die von „völlig verdreckten" Quartieren bei Auszug der Mieter raunen. In solchen Fällen wäre eine Strafgebühr wohl angebracht. Aber die Schreckensvision dürfte immer im Auge des Betrachters liegen.

Heime

Spiekeroog ist die Insel der Ferien- und Kinderheime; insgesamt zwölf davon gibt es.

Charakteristisch ist das **Kinderkurheim Stranddistel** (Westerloog 9, Tel. 91020), das bereits seit 1919 existiert und sogar schon Kinder aus Tschernobyl als Gäste gehabt hat. So sieht ein typischer Tag dort aus:

8.00 Uhr Aufstehen
8.30 Uhr Frühstück
9.00 Uhr Beginn der Kuranwendungen, Schulunterricht, Spiel- und Beschäftigungsangebote, nach Möglichkeit wird die restliche Zeit zum Aufenthalt im Freien genutzt
12.00 Uhr Mittagessen
12.30 Uhr Zeit zum Entspannen, Lesen, Vorlesen, Musik hören, Briefe schreiben, Schlafen
14.00 Uhr Der Nachmittag steht für unterschiedliche Unternehmungen zur Verfügung: Reiten, Pferde pflegen, Hallenbadbesuch, Besuch des Muschelmuseums, Wattwanderungen, Kutterfahrten, Einkaufen im Dorf, Wandern und Spielen am Strand, freie Beschäftigung, Spielplatz, Fußball, Kaffeepause
18.00 Uhr Abendessen
18.30 Uhr Spielangebote, Abendspaziergänge, Nachtwanderungen, Telefon- und Liederabende, Grillen, Disko, Waffeln backen etc
20.00 Uhr Nachtruhe für jüngere Kinder mit Vorlesen
21.00 Uhr Nachruhe für ältere Kinder (im Sommer später)

Einige weitere Heime:

- **CVJM** (Jugenderholungsheim Sturmeck), Westend 22, Tel. 260.

- **CVJM** (Landesverband Hannover), Heim Quellerdünen, Tel. 228/1311.
- **Haus Göttingen,** Noorderloog 27, Tel. 706890, www.Haus-Goettingen.de
- **Haus Wolfgang,** Tranpad 14, Tel. 261. Anmeldung: Diakonie Gütersloh, Tel. 05241-23468-32.
- **Schlossmacherheim** (ev. Kurzentrum für Mutter und Kind), Tranpad 16, Tel. 9170, www.schlossmacherheim.de

Internat Die **Hermann Lietz-Schule** (www.hl-schule.de, Tel. 91000) liegt einsam im Osten der Insel und ist von ferne durch das einzige Windrad weit und breit erkennbar. Das Internatsgymnasium wurde schon 1928 gegründet und hat einen gewissen Ruf als Eliteschule - nach Pressemeinung zählt es zu den fünf Top-Internaten Deutschlands. Und das war es wohl von Anfang an - *Wernher von Braun* ging als einer der Ersten aus dieser Schule hervor und baute dort 1930 sein Abi.

Wie kommt das Windrad auf die Insel?

Die bei der Hermann Lietz-Schule gelegene Windkraftanlage ist ein ganz schöner Dobbas. Man fragt sich, wie er angesichts der schwierigen insularen Verkehrsverhältnisse dort (1995) hingelangte ...

Zuerst sollte ein Hubschrauber der US Air Force den Job übernehmen. Aber ein Mietpreis von 70.000 Dollar pro angefangener Stunde war dann doch zu üppig. Daraufhin wurde ein Landungsboot gechartert, das einen 60 Tonnen schweren Autokran bis an die Wattenkante transportierte. Auf 800 Metern Stahlplatten konnte sich das Monstrum dann bis vor Ort bewegen und man schritt zur Montage des Windrads. Selbige kostete auch schlappe 250.000 DM, war aber noch billiger als der Helikopter. Die ganze Operation ging überdies so schnell und sauber vonstatten, dass selbst die strenge Nationalparkverwaltung nichts zu monieren fand.

039s Foto: hls

Die Lehrer sind hier gleichzeitig Erzieher und übernehmen nicht nur außerunterrichtliche Betreuung, sondern als „Eltern" auch die persönliche Fürsorge für Gruppen von vier bis acht Schülern. Innerhalb des gymnasialen Curriculums werden auch kreative und handwerkliche Fähigkeiten gefördert. Des Klimas wegen ist die Schule besonders günstig für asthmatische, allergische und bronchialkranke Jugendliche. Außerdem arrangiert die Schule Mitfahrten auf Großseglern („High Seas High School – Das Segelnde Klassenzimmer") mit kompletten Bordlehrplänen.

Das Institut verfügt über ein interessantes **Naturkunde- und Inselmuseum** (Umweltzentrum Wittbülten, www.wittbuelten.de) mit Ausstellung, Aquarium und Café.

Jugendherberge Die DJH Spiekeroog ist im Herbst 2001 **geschlossen** worden.

Camping Der Spiekerooger Zeltplatz€ liegt im Inselwesten (noch hinter dem Laramie, ca. drei Kilometer vom Ort entfernt) **im Bereich der Süderdünen** und erfreut sich großer Beliebt- und Belebtheit.

Betriebszeit ist vom 1.5. bis 15.9. und in dieser Periode ist der Platz oft zur Gänze ausgebucht. Zur **Reservierung** benötigt man entweder einen Benutzungsschein der Kurverwaltung (Tel. 9193-224) oder die Genehmigung des Platzwarts (Tel. 288). Auf gut Glück anzureisen hat keinen Zweck. Bei voller Belegung hängt auch schon am Fahrkartenschalter in Neuharlingersiel ein entsprechendes Hinweisschild aus – also immer erst anrufen. Dann kann man sich auch gleich die gerade aktuellen Gebühren (nicht hoch) durchgeben lassen.

Dass der Platz so populär ist, sollte nicht verwundern. Unmittelbar rechts befinden sich Dünen und Strand, links das NSG Westergroen mit Pferdeweiden. **Herrliche Inseleinsamkeit,** aber mit Duschen, WCs, Zeltnachbar(in), Kiosk und Snackbar. Nur auf Haustiere muss man, weil verboten, verzichten.

E-Mail: zeltplatz@spiekeroog.de.

Die Hermann Lietz-Schule aus der Luft
(Stuttgarter Luftbild Elsäßer GmbH)

040s Foto: rh

Sehenswertes

Allgemeines

Der kleine Kuchen Spiekeroog weist ein paar sehenswerte Rosinen auf, die nachstehend in alphabetischer Reihenfolge aufgelistet sind. Am schönsten ist es jedoch die Insel als Ganzes - Dorf, Natur, Menschen und die genannten bescheidenen Höhepunkte - aufzunehmen und sich daran zu erfreuen.

Altes Inselhaus

Das alte Haus aus dem **Jahre 1700** ist Anlaufpunkt von Ortsbesichtigungen und beherbergt heute ein hübsches Café. Man wundert sich vielleicht über die kleinen Räumlichkeiten und wird belehrt, dass man früher dieserart Heizkosten sparte - so einfach ist das.

- Süderloog 4.

Franzosenschanze

Von der **alten Befestigung,** die während der französischen Besetzung (um 1810) erbaut wurde, ist außer ein paar Erdhügeln nicht mehr viel erhalten. Außerdem liegt sie im NSG Westgroen, das nicht betreten werden darf. Für Fans der Lokalgeschichte ist sie mithin nicht erreichbar.

Gelbes Haus

Das „Gelbe Haus“ steht ziemlich allein am Westende des Dorfes und zählt zu den schönsten Gebäuden der Insel; für manche ist es sogar die Nummer eins. Man beschränke sich aber auf eine äußerliche Betrachtung, denn das Gelbe Haus ist **Mietobjekt** (Info: im Hotel zur Linde) und wird zumeist von Pensionsgästen bewohnt, die sich sehr wundern würden, wenn plötzlich jemand zum Sightseeing in ihrer guten Stube auftauchte.

041s Foto: rh

Sehenswertes

Inselmuseum

Das Inselmuseum befindet sich unmittelbar neben dem Rathaus. Es zeigt **inselhistorische** und **naturkundliche Exponate.** Aus dem wenigen verfügbaren Raum hat man hier das Beste gemacht. Ein Besuch ist ein kleines Muss für jeden Spiekeroog-Interessenten. Auch spezifische Insel-Literatur gibt es hier zu kaufen.

- Noorderloog 1.
- **Geöffnet:** Das Museum ist von März bis Oktober und um den Jahreswechsel drei- bis viermal wöchentlich geöffnet (Einzelheiten im Aushang), in der übrigen Zeit auf Anfrage bei der Kurverwaltung.

Seite 124/125: Anordnung im „Kuriosen Muschelmuseum“

Schön anzusehen: das „Gelbe Haus“

Das tragische Ende der „Johanne“

Der katastrophale Verlust des Auswandererschiffes „Johanne“ ist ein ebenso dunkles wie auch rühmliches Kapitel in der Geschichte Spiekeroogs.

Am 2. November 1854 geht die Dreimastbark in der Wesermündung ankerauf. Ziel ist Baltimore an der Ostküste der USA. An Bord befinden sich 13 Besatzungsmitglieder und 216 Auswanderer aus dem Süden Deutschlands, die unter großen Strapazen die Küste erreicht und einen miserablen Zwischendecksplatz an Bord ergattert haben. Sie sind fast alle bitterarm und wollen in Amerika eine neue Heimat finden.

Nur ein paar Stunden Ruhe sind den Seeungewohnten vergönnt. Am Nachmittag des 3. November laviert die Bark unter gerefften Segeln in schwerem Nordwest bei Norderney. Der Wind dreht jedoch, und der 4. sieht das Schiff unter vollen Segeln vor günstigem Südost.

Schon glaubt man, das Schlimmste sei überstanden, als in der Nacht auf den 5. der Wind erneut auf Nordwest springt und Sturmstärke annimmt. Trotz verzweifelter Anstrengungen wird die „Johanne“ von ihrer Position westlich von Helgoland unerbittlich nach Süden vertrieben. In der Nacht auf den 6. wächst der Sturm zum Orkan. Von Hagel- und Schneeböen gepeitscht driftet die Bark, fast schon ein Wrack, auf die Untiefen vor Spiekeroog und kommt in der haushohen Brandung fest.

Am Morgen des 5. November 1854 sehen die 134 vollzählig am Strand versammelten Spiekerooger einen Trümmerhaufen an ihrer Küste, auf dem zahllose Menschen um ihr Leben ringen. Masten und Takelage sind „von oben gekommen“, teils bewusst gekappt, um ein Kentern zu verhindern. Dabei hat es die ersten Toten und schwer Verletzten gegeben. Weitere werden von der See über Bord geschlagen und ertrinken im eisigen Wasser der Nordsee.

Von Land aus ist keine Hilfe möglich. Es ist kein Boot da – es wäre auch zu nichts nütze –, und außerdem ist bei Hochwasser das Wrack unerreichbar. Erst die Ebbe gibt es allmählich frei, und die Überlebenden können den Strand gewinnen. Unter ihnen sind dreizehn Passagiere, die sich unter Deck verrammelt hatten und ihr Glück zunächst gar nicht glauben mögen.

Hätten doch alle so gehandelt! Denn der Zoll ist hoch. 77 Menschen sterben mit der „Johanne“: 34 Frauen, 18 Männer, 18 Kinder und 7 Säuglinge.

Schon in der Frühphase der Strandung hatte die Tragödie unter den Insulanern blankes Entsetzen statt der üblichen Euphorie anlässlich einer „Strandsegnung“ mit nachfolgender Wrackplünderung ausgelöst. Entsprechend war die Anteilnahme und Hilfestellung, die den Überlebenden zuteil wurde. Die selber ärmlichen Spiekerooger nahmen die Schiffbrüchigen auf wie liebe Verwandte, und bald kam auch Proviantnachschub und ein Arzt vom Festland, nachdem die Botschaft von der Katastrophe die Reeder in Bremen erreicht hatte.

Am 14. November reisen die Überlebenden der „Johanne“ ab, bunt gekleidet in Geborgenem und Geborgtem. Vier Tage später sind sie wieder in Bremerhaven. Doch nur die wenigsten wagen sich auf eine erneute Seefahrt. Der Großteil kehrt mutlos und ärmer denn je in die süddeutsche Heimat zurück, wenn auch viele nach dem Abklingen des Schocks später einen neuen Anlauf nehmen. Einige schreiben auch den Spiekeroogern, um sich für die noble Behandlung zu bedanken.

Das Wrack des Havaristen versackte allmählich im Mahlsand. Schon nach zwei Wochen wurde der Restrumpf von der Versicherung verkauft, im Frühjahr 1855 die geborgene Ausrüstung. Nichts fehlte.

Die so tragisch verlaufene Strandung führte dazu, dass 1862 auf Spiekeroog eine Rettungsstation eingerichtet wurde.

Schiffbruch und Rettung (1867)

Johanne-Denkmal

Die Toten der „Johanne" wurden auf dem **Drinkeldodenkarkhof,** einem eigens eingerichteten Kirchhof für die Ertrunkenen, beigesetzt, weil die vorhandenen Grabplätze der Insel nicht ausreichten. Das Areal am heutigen Tranpad ist wegen der dichten umgebenden Bebauung arg zusammengeschrumpft; es ist in der Tat so klein, dass man leicht daran vorbeiläuft. Ein Mahnmal mit Gedenktafel und Anker erinnert hier an die Katastrophe.

Kark to Spiekeroog

Geschichte und Legende

Die winzige, evangelische „Kark to Spiekeroog", eher ein Kapellchen, entstand **1696** in der (damaligen) geografischen Mitte der Insel. Viel Geld für ihren Bau dürfte auf dem seinerzeit wenig begüterten Eiland nicht vorhanden gewesen sein. Schon zwei Jahre später begann sie zu bröckeln, was auf schlampige Maurerarbeiten zurückgeführt wurde. Doch anno 1765 ist nachzulesen, dass Mauern und Dach „in ziemlichem Stande" seien. Das will schon etwas heißen, denn nicht nur die schreckliche Weihnachtsflut von 1717 hatte dem Gotteshäuschen arg zugesetzt, sondern es hatten auch einige Damen im Kirchenvorstand Bauholz mitgehen lassen und, so die pastoralen Annalen, „für das Geld Bremer-Bier getrunken" – die Schlimmen!

„Allerlei Wundergrausliches drinnen", beschreibt der Nordseesegler *Jan Werner* das **Interieur** der kleinen Kirche. In der Tat: 1869 wurden bei Arbeiten unter dem Fußboden ein Skelett, ein spanischer Stoßdegen sowie mehrere spanische Münzen entdeckt. Dieser Fund gab alten Legenden wieder Auftrieb, denen zufolge 1588 ein großes **Schiff der spanischen Armada** auf Spiekeroog gestrandet sein sollte. Mehrere andere Objekte wurden jetzt erneut mit diesem Schiffbruch in Verbindung gebracht, an erster Stelle die

042s Foto: rh

Kirchenkanzel, eine Anzahl alter Apostelbilder und eine hölzerne Pietà sowie eine spanische Kriegsflagge, die plötzlich aus dem Nichts auftauchte.

Doch dass diese Gegenstände von einem **Armada-Wrack** stammen, wird – wie das Wrack selbst – von Experten heute vehement in Zweifel

Die alte Pietà ist bestens erhalten

gezogen. Richtig ist zwar, dass im genannten Jahr eine aus 130 Schiffen bestehende spanische Flotte im Ärmelkanal von den Engländern unter *Howard* und *Drake* in die Flucht geschlagen wurde und sich ein Großteil der Verlierer durch die Nordsee abzusetzen versuchte. Zahlreiche Schiffe gingen in den Herbststürmen verloren - ob auch auf Spiekeroog, ist allerdings die Frage. Ganz sicher ist, dass es sich keinesfalls um ein „Flaggschiff" gehandelt haben kann, von dem immer wieder die Rede ist. Selbiges, die „San Martín", erreichte im November 1588 die Sicherheit des spanischen Hafens Santander.

Paulus mit zwei rechten Händen

Die genannten **Apostelbilder,** ursprünglich zwölf, wurden lange dem ominösen spanischen Havaristen zugeschrieben. 1883 verschenkte sie der damalige Spiekerooger Pastor an die Emder „Gesellschaft für Bildende Kunst und vaterländische Altertümer". Dort reduzierten sie sich allmählich auf sieben, die in den dreißiger Jahren „zur Aufbewahrung" nach Spiekeroog zurückgingen und in der alten Kirche heute wieder zu bewundern sind. Inzwischen haben sich auch fachkundige Forscher ihrer Herkunft angenommen. Ihr Schluss: Es handelt sich um primitive niederländische Bauernmalereien aus Groningen (ca. 1635). Damit wurde die Mär von dem Armada-Wrack endgültig zu Grabe getragen.

Man beurteilt das Talent von Malern, namentlich Porträtisten, an ihrer Fähigkeit, Hände korrekt wiederzugeben. *Dürers* „Betende Hände" sind insofern ein Musterbeispiel an Perfektion und selbst in modernen Comics sind Spezialisten ausschließlich für die **Handdarstellung** zuständig. Aus dieser Sicht kommen die Spiekerooger Apostel nicht gut davon. **Paulus,** auf den man gleich links am Eingang stößt, hat sogar zwei arg missratene rechte Hände mit enorm gurkigen Fingern und man darf hoffen, dass er im wahren Leben nicht unter einem solchen Handikap litt. Wie auch immer: Die Apostelbilder sind trotz ihrer künstlerischen Plumpheit extrem kostbare Werke. Man wird sich in Zukunft wohl hüten, sie wieder leichtfertig zu verschenken.

Eine andere Spekulation ist, dass es sich bei der 1869 gefundenen Leiche um den 1721 verstorbenen **Pastor Brüggemeier** handelte und dass die anderen Gegenstände einer kurzen spanischen Besatzungszeit im 16. Jahrhundert entstammen – was schon wahrscheinlicher anmutet.

Besichtigung

Die aus Holz gefertigten Objekte sind alle in der heutigen Kirche zu besichtigen. Es nimmt aber wunder, dass so wenig über ihre wahre Herkunft bekannt ist. Sollte hier noch eine interessante Aufgabe für einen neugierigen Kirchenhistoriker harren? Zumindest ist der Zugang zu all den **klerika-**

043s Foto: rh

len Kostbarkeiten unbegrenzt: In der heute schöner denn je umgrünten alten Kirche im Ortskern von Spiekeroog werden Gottesdienste und Besichtigungen abgehalten, und wer im Pfarrhaus vorspricht, darf auch mal außer der Reihe Einblick nehmen. Selbst wer auf der Insel nur als Kurgast und nicht als Historiker weilt, sollte sich einen solchen Einblick nicht vorenthalten: Er lohnt sich.

Gedenkmünze

1996 wurde übrigens zum **300-jährigen Bestehen** der Kirche eine Gedenkmünze herausgegeben, die weiterhin bei der Volksbank Spiekeroog erhältlich ist.

Kurioses Muschelmuseum

Hier gibt es **„Muscheln zum Schmunzeln".** Es handelt sich um ca. 3000 Exponate aus Unter- und Übersee. Alles ist witzig aufgezogen und sehr sehenswert arrangiert (siehe auch Exkurs).

- Der kleine Schauraum befindet sich auf der Rückseite der Strandhalle, Tel. 428.
- **Geöffnet:** Apr.–Okt. während der Schulferien täglich außer So, ansonsten nur Di/Mi/Do, jeweils 10–12 und 13–16 Uhr. Die Öffnungszeiten können sich aber kurzfristig ändern, wenn der Chef auf Reisen geht; sie werden dann im Aushang bekannt gegeben.

Rosengarten

Der Rosengarten wurde kurioserweise nicht von der Inselverwaltung, sondern von einem Kurgast ins Leben gerufen. Es handelt sich um ein kleines, gleich am fährseitigen Ortseingang gelegenes Areal, in dem man geruhsam pausieren und sich der **schönen Anlage** erfreuen kann.

- Wüppspoor.
- **Geöffnet:** Der Garten ist täglich geöffnet, wird jedoch nachts geschlossen, weil die gepflegten Rabatten offenbar Jungwandalen magisch anziehen.

Spiekeroogs Conchylien-Schweinchen

Conchylien ist ein Fremdwort für Muscheln, und die entdeckt man in großer Zahl an den Stränden Spiekeroogs. In weitaus interessanteren Formen sind sie jedoch im „Kuriosen Muschelmuseum" vertreten, dessen Exponate in überwiegender Zahl von tropischen Gestaden stammen, denn die dortigen Conchylien sind, Hand aufs Herz, weitaus schöner als die hiesigen. *Gestade* ist übrigens wörtlich zu nehmen. Die kalkigen Gehäuse des Museums wurden an Stränden gesammelt und nicht samt lebendem Inhalt ertaucht, denn das ist heute rechtmäßig verpönt.

Meister *Schroeter* waltet in dem einräumigen Museum als Kurator und hat so manches Muschelige mit **lustigen Inskriptionen** versehen, darunter auch eine dickbäuchige Kauri mit einigen kleinen Ablegern, die in der Tat verblüffend an ein Mutterschwein erinnert. Auf der Suche nach weiteren Scherzchen dieser Art kann man schon mal ein Stündchen in dem kleinen Sammelzentrum verbringen. Und käuflich erstehen lassen sich Muscheln dort auch.

044s Foto: rh

Dies sind Conchylien-Schweinchen

Wrack der „Verona“

Am 13. Dezember 1883 lief der **englische Dampfer „Verona“** am Oststrand der Insel auf und wurde zum Totalverlust. Wiederholte Abbringversuche blieben erfolglos und man takelte das Wrack deshalb allmählich ab. Über der Wasserlinie nahmen sich Bergungskräfte mit Schweißgeräten dieser Aufgabe an. Den Rest erledigte die Nordsee, unter deren Sand bald alles verschwand. Schon zwei Jahre nach der Strandung war kaum noch etwas Substanzielles von dem Wrack zu sehen.

In den Folgejahren tauchten bei Niedrigwasser immer wieder ein paar Stahlplatten der Verona aus dem Sand auf und wurden dann wieder begraben. Stürme und starke Strömungen führten in den Jahren 2000 und 2001 dazu, dass die Wrackreste fast ganzjährig freilagen. Das kann sich jedoch über Nacht ändern. Man überzeuge sich selbst. Es sind rund sieben Kilometer vom Badestrand (und weitere sieben zurück!). Das Wasser muss ganz niedrig sein, um etwas erkennen zu lassen, was sich auf Distanz wie ein dicker schwarzer

073s Foto: rh

Die Strandung der „Verona“

Bericht über die Rettungsfahrt am 13. Dezember 1883

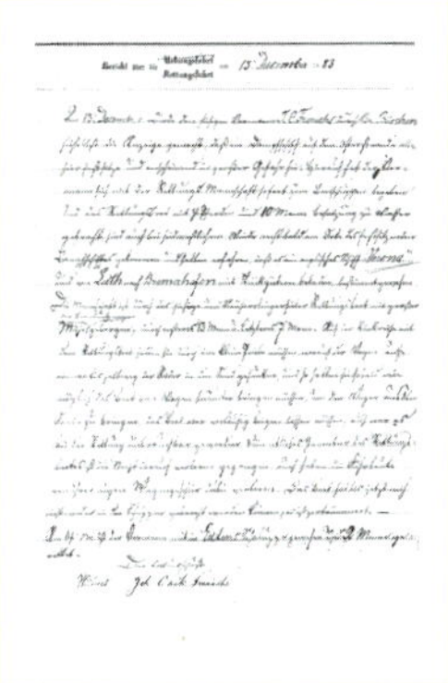

Am 13. Dezember wurde dem hiesigen Vormann T.C. Frerichs durch Bm. Büschen hierselbst die Anzeige gemacht, daß ein Dampfschiff auf dem Osterstrande allhier festsitze und anscheinend in großer Gefahr sei. Hierauf hat der Vormann sich mit der Rettungs-Mannschaft sofort zum Bootsschuppen begeben und das Rettungsboot mit 3 Pferden und 10 Mann Besatzung zu Wasser gebracht, sind auch bei südwestlichem Winde recht bald am Orte des festsitzenden Dampfschiffes gekommen, und hatten erfahren, daß es ein englisches Schiff „Verona“ und von Leith nach Bremerhafen mit Stückgütern beladen, bestimmt gewesen. Die Mannschaft ist durch das hiesige und Neuharlingersieler Rettungsboot mit großer Mühe – der Brandung wegen – geborgen, durch ersteres 13 Mann und letzteres 7 Mann. Auf der Rückreise mit dem Rettungsboot hatten sie durch einige Priele müssen, worauf der Wagen auf einmal halbweg der Räder in den Sand gesunken, und so hatten sie sobald wie möglich das Boot vom Wagen herunter bringen müssen, um den Wagen aus dem Sande zu bringen, das Boot aber vorläufig liegen lassen müssen, auch war es bei der Rettung unbrauchbar geworden. Sämtliches Inventar des Rettungsbootes ist die Nacht darauf verloren gegangen, auch haben die Fuhrleute von ihrem eigen Wagengeschirr verloren.

Das Boot hat bis jetzt noch nicht wieder in den Schuppen gebracht werden können, es ist zertrümmert.

Am 14. d. M. ist der Vormann mit in Eddens Schaluppe gewesen – noch 2 Mann gerettet.

Aus dem Original-Protokoll im Inselmuseum, mit freundlicher Genehmigung.

Sehenswertes

Balken ausnimmt. Ein profanes **Wanderziel,** zugegeben, aber schon wegen seiner Geschichtsträchtigkeit hoch interessant – und man ist „mal da gewesen“!

Der traurige Rest der „Verona“

615s Foto: rh

Geschichte
und Natur

Geschichte

Der Name Spiekeroog

Der Spiekerooger „Hausschreiber" *Johannes Meyer-Deepen* hat sich die Mühe gemacht, Ortschaften mit dem Stamm **Spick-** im südlichen Nordseeraum aufzuzählen und kommt bis nach Flandern hinein auf nicht weniger als 29.

Zu Grunde liegt wohl generell ein Wort, das im altsächsischen Sprachbereich **„Speicher"** bedeutet. Falls sich dieses Wort aber schon damals auf den ostfriesischen Inseln eingeschlichen haben sollte – so wird von anderer Seite argumentiert – was hätte ein kleines Sandeiland mit einem Speicher anfangen sollen? Und: Wer anders als Seeräuber hätte darin etwas horten können – wodurch sich das Thema eigentlich von selbst erledigt, denn weshalb hätten Piraten ausgerechnet das kahle Spiekeroog als Unterschlupf wählen sollen? Niemandem kommt offenbar der Gedanke, dass man auch einfach Heu in einem Speicher unterbringen kann.

Meyer-Deepen mutmaßt hingegen, dass eine **Ortschaft** namens Spick Pate gestanden haben könnte, die (vielleicht) auf dem jenseitigen Festland im 14. Jahrhundert existierte. Das ist durchaus einleuchtend, denn es gibt andere Beispiele dieses Musters.

Vom friesischen Sprachbereich ausgehend, hätte dieser Name jedoch eine andere Bedeutung als „Speicher". Was für eine, ist jedoch nicht bekannt. Ließe sich eventuell über das englische **speck** (**„Flecken"**) eine Erklärung finden? Das ist nur eine Hypothese *dieses* Verfassers ...

Seite 138/139: Unberührte Natur

Andere Theoretiker suchen in einem **spitzigen Instrument** wie dem heute noch existierenden Marlspieker (schwerer Eisendorn) eine Wesensnähe und nehmen Bezug auf eine entsprechende Form der Insel in alter Zeit. Auf einer Karte aus dem Jahre 1584 hat das Eiland eine lange Spitze Richtung Nordwesten und sieht deshalb fast wie eine Kaulquappe aus. In diesem Fall müsste man wohl zum englischen **spike** eine Parallele ziehen. Auch das ist nicht ganz von der Hand zu weisen. Die Gelehrten können sich also weiterhin die Köpfe heiß reden.

Erste Erwähnung

Am **11. September 1398** erscheint die Insel „Spickeroch" erstmalig in Urkunden des ostfriesischen Landesherrn *Witzel tom Brok,* der zu diesem Zeitpunkt den ganzen Archipel dem *Herzog Albrecht von Bayern* als Lehen überträgt. Dergleichen war damals üblich und der Ostfriesen-Witzel offenbar notorisch knapp bei Kasse. Das bedeutete zwar nicht gleich, dass die wenigen Insulaner (falls es überhaupt schon welche gab) Lederhosen tragen mussten, doch die politische Zugehörigkeit der Spiekerooger änderte sich durch solche Transaktionen – was schon bald zu Problemen führen sollte.

Streitigkeiten

Von Spiekeroogern ist erst **1448** die Rede. Sie müssen aber schon ein paar Jahre dort gewesen sein, denn bei besagter Erwähnung waren ihnen gerade „100 Schafe" geraubt worden, was auf relativ etablierte Verhältnisse schließen lässt.

Archäologische Funde lassen sogar den Schluss zu, dass schon um die Zeitenwende Menschen auf der Insel gelebt hatten. Von einer permanenten Besiedlung kann aber keine Rede sein.

Raubzüge wie der genannte waren in jener Zeit gang und gäbe. Die Häuptlinge Ostfrieslands lagen in Dauerfehde miteinander und die Statthalter der umgebenden Lande trugen ihr Scherflein zu ständiger Unruhe bei.

Graf Edzard von Aurich plünderte um 1525 die heiligen Sakramente aus der Inselkirche, denn Ostfriesland war nach der Reformation protestantisch geworden; Spiekeroog hatte als Teil des katholischen Harlingerlandes jedoch vorerst seinen ursprünglichen Status beibehalten und galt deshalb (bis 1581) als „Feind".

Überdies mischten **Seeräuber** wie der berüchtigte *Störtebeker* kräftig mit und auch die Spiekerooger machten unter einem Esenser Junker namens *Balthasar* als Piraten von sich reden. Rachefeldzüge der betroffenen Bremer in den Jahren 1538 und 1540 galten genau diesen Aktivitäten.

Was die Insulaner danach wieder aufbauten, wurde ihnen schon 1570 durch die niederländischen **Wassergeusen** (Freiheitskämpfer) wieder abgenommen, weil das Eiland als Lehen „dem spanischen Gegner zugehörig war".

Eine **Sturmflut** im gleichen Jahr gab der Insel mit ihren zwölf Häuschen dann den Rest. Die damalige Siedlung stand am Westende und ging den üblichen Gang aller Westdörfer – nämlich den Bach hinunter. Aus dem Schaden klug geworden, baute man das neue Dorf weiter östlich auf. Aber es war schwierig, sich wieder aufzurappeln. Bis weit ins 17. Jahrhundert hinein ging es auf Spiekeroog sehr dürftig zu.

Strandjer

Die Insulaner hatten stets schlechte Erfahrungen mit allen möglichen Invasoren gemacht, die ja immer per Schiff kamen und deshalb durch die Bank als Piraten gelten mussten. Es wäre dennoch billig, ihnen zuzuerkennen, sich aus **Rache an jedem Schiff** und seiner Besatzung schadlos halten zu dürfen, das an ihren Stränden zu Bruch ging. Genau das taten sie aber und zu ihrer Zeit fand man es auch ganz in Ordnung, wenn sie sich die reichen Ladungen und Ausrüstungen aneigneten, die ihnen unverhofft in den Schoß fielen und die um so viel mehr wert waren als die paar Schafe, die man ihnen einst geraubt hatte.

Den **Seefahrern,** die gegen diese Akte der Freibeuterei protestierten, konnte es geschehen, dass man sie gewaltsam mundtot machte. Bestenfalls kümmerte man sich nicht um ihr Schicksal und sie konnten froh sein, mit dem Leben davonzukommen. In den Inselannalen ist selten von ihnen die Rede, mit Ausnahme einer Havarie von 1571, die recht gut dokumentiert ist, wohl weil alle Beteiligten zufriedenstellend dabei abschnitten.

Denn die Strandjer, so der Kosename für die **Plünderer,** genossen schon damals Beistand von mächtiger Seite. Die jeweiligen Landesherren hatten erkannt, dass hier eine **lukrative Einnahmequelle** winkte, und so machten sie mit den Insulanern gemeinsame Sache – auf dem Zwangswege natürlich, denn die Strandjer legten, wie anders, keinen Wert darauf, von ihrer Beute etwas abzugeben, zumal der Fürst auf Prokopfbasis einen Löwenanteil beanspruchte. Aus diesem Grund regelte der Chef das Strandraubsystem per Gesetz und teilte einen Strandvogt ab, der das Ganze zu überwachen hatte: „Der Vogt soll von Anfang bis Ende bei der Bergung verbleiben und mit allem Fleiß zusehen und gute Ordnung geben, daß alle geborgenen und von ihm in specie ausgezeichneten Güter wohl verwahret und an den dafür verordneten Ort und nirgends anders gebracht werden", so eine Verordnung des *Grafen Ulrich II.* aus dem Jahre 1636.

Im Lauf der Jahrhunderte zogen die Spiekerooger so manchen dicken Fisch aus der Brandung, ohne dass sich jedoch einer von ihnen eine goldene Nase holen konnte. Endgültig aus schien es mit der Strandjerei zu sein, als die **„Johanne"** 1854 auf der Insel verloren ging (siehe Exkurs) und an der deutschen Küste einige Jahre später das Rettungswesen entstand, das mit der **Gründung der „Deutschen Gesellschaft zur Rettung Schiffbrüchiger"** im Mai 1865 seinen eingänglichen Höhepunkt fand.

Dennoch kam es auf Spiekeroog 1882 noch einmal zu einem betrüblichen Rückfall, als die deutsche **Brigg „Königin Elisabeth"** von örtlichen Fischern arg ausgeplündert wurde. Die Sache flog auf und zog im Folgejahr saftige Gefängnisstrafen nach sich. Der Inselpastor musste einschreiten. Er machte eine jammervolle Eingabe an den Kaiser, der dem Gnadengesuch stattgab und eine Amnestie der glücklosen Amateur-Piraten veranlasste.

Die genannte **DGzRS** mit Hauptsitz in Bremen hat seit 1865 Tausenden von See- und anderen Leuten das Leben gerettet. Und das, obwohl die gesamte Arbeit dieser insofern einmaligen Institution nur durch freiwillige Spenden aus der Bevölkerung finanziert wird. Jeder Inselreisende, Wassersportler und Wattwanderer könnte einmal auf sie angewiesen sein. Man sollte deshalb schon mal einen Obolus in eines der Spendenschiffchen der Einrichtung versenken. Oder einen größeren Beitrag investieren? Konto: 100233800, Bremer Bank (BLZ 29080010). Die Spenden sind steuerlich absetzbar.

Konsolidierung

Doch zunächst zurück in das Dorf Spiekeroog um das Jahr 1600. Zu jenem Zeitpunkt begann es allmählich Gestalt anzunehmen und zwanzig Jahre später konnte man sogar schon einen Schulmeister einstellen. 1629 wurden **inselspezifische Anordnungen** erlassen, die vor allem die Verteilung von Strandgut (wie eben beschrieben) regelten und sich mit Fragen der Ansiedlung befassten. Auch wurden der Jagd auf Kaninchen rigorose Einschränkungen auferlegt, um dem diesbezüglichen fürstlichen Monopol nicht ins Gehege zu geraten. *Graf Ulrich II.* von Ostfriesland liebte nämlich die „so angenehme und lustige Jagerei" und lud dazu illustre Gäste ein, denen es auf der wilden Insel gar wohl gefiel. Zu leiden hatten außer den erlegten Nagern nur die Spiekerooger Katzen. Ihnen mussten nämlich auf gräfliches Geheiß die Ohren abgeschnitten werden, damit sie nicht wilderten. Raue Zeiten waren das damals!

Wachstum

Aber das Dorf wuchs weiter. Um 1680 gab es immerhin schon **19 Häuser** mit 110 Bewohnern und 1696 war man bereits in der Lage, sich an den Bau der **Inselkirche** zu begeben (siehe „Sehenswertes/Kark to Spiekeroog").

Dennoch war auf dem kargen Eiland nicht viel zu holen. Man durfte ja nicht einmal auf die Kaninchenjagd gehen und geldwerte Strandungen waren eher rar. Die Fischerei gab wenig her und die **Gewinnung von Muschelkalk,** in der sich die meisten Insulaner engagierten, war ebenfalls ein hartes Brot.

Deshalb zog es die männliche Bevölkerung alsbald hinaus in die Ferne, um dort ihr Glück zu suchen. Die Spiekerooger verdingten sich als **Seefahrer und Walfänger** und einige gelangten so auch zu bescheidenem Wohlstand. Andere wiederum wurden Opfer dieser gefährlichen Berufe und „blieben" auf See – insbesondere der Walfang war ein überaus riskantes Geschäft. Noch heute benutzt man an der Küste das Wort *bleiben,* wenn vom Seemannstod gesprochen wird.

„Franzosenzeit"

Nachdem England und die Niederlande die Meere mit Krieg überzogen hatten und kein Winkel mehr sicher war, ging es bereits in den 80er-Jahren des 18. Jahrhunderts mit dem Walfang zu Ende. Schon damals begann der Wal selten zu werden. Die Spiekerooger brachten sich nun zunächst als Seefahrer über die Runden, bis ihnen ab 1806 die napoleonische Besetzung Ostfrieslands und mithin auch ihrer Insel eine **unverhoffte Pfründe** bescherte.

Napoleon Bonaparte hatte nämlich eine Kontinentalsperre für alle englischen Waren erlassen. Da bot es sich an, zwischen dem unfern gelegenen Helgoland, seit 1807 in britischem Besitz, und der Küste einen lebhaften **Schmuggel** zu unterhalten, für den Spiekeroog eine ideale Basis abgab.

Die Franzosen kamen den Umtrieben jedoch schon bald auf die Spur und reagierten sauer. Die Insel wurde um 1810 in eine Garnison verwandelt und die gegen die Engländer und die Insulaner selbst gerichtete Befestigung **„Franzosenschanze"** mussten die Spiekerooger in Fronarbeit erbauen – was sie heute noch wurmt.

Eine **Mini-Rebellion** kam wegen Verrats nicht zu Stande, weil der listige französische Kommandant die unbedarften „Aufständischen" unter Alkohol setzte und zum Plaudern brachte. Auch ein britisches Landeunternehmen im Juli 1812 scheiterte. Die Spiekerooger Franzosenzeit endete erst, nachdem sich *Napoleon* in Russland eine blutige Nase geholt hatte. Die Insel wurde in ziemlich dürftigen Verhältnissen zurückgelassen.

Seebad

Die Insulaner hielten sich zunächst, mehr schlecht als recht, als Seefahrer über Wasser, wenn auch einige ganz gut dabei verdienten und sich alsbald eigene Fahrzeuge leisten konnten. Deshalb wurde auch auf Spiekeroog, wie überall an der Küste, der Unterschied zwischen **See- und Landmann** sichtbar: Der eine war weit gereist und hielt sich für welterfahren, der andere hatte nie über seinen Tellerrand hinausschauen können. Das Landvolk wurde deshalb von den Schiffern als „Mistbauern" und „Knechte" verachtet – eine Haltung, die erst in der Neuzeit ein zögerliches Ende fand, weil heute ja jedermann überall hinreisen kann.

Doch auf den Inseln Ostfrieslands begann jetzt eine **neue Ära** heranzudämmern. Schon in der ersten Hälfte des 19. Jahrhunderts wussten Badegäste die Ruhe Spiekeroogs zu schätzen, indem sie Vergleiche mit dem, trotz fehlender Autos und Düsenjäger, lärmigen Norderney anstellten, das sie als „kostbar" (im Sinne von teuer) und „geräuschvoll" bezeichneten. Dort brummte der Seebadebetrieb bereits seit 1797, und als die „Franzo-

senzeit" vorbei war, sah man von den anderen Inseln schon mal scheelen Blicks hinüber, um zu beobachten, was sich da so tat. Denn obwohl man nach bewährter Friesenart „lieber tot als Sklave" zu sein vorgab, war im touristischen Gewerbe offenbar gutes Geld zu verdienen, ohne dass man sich – verglichen mit den mühsamen traditionellen Berufen – allzu sehr dafür anstrengen musste.

Deshalb fing man in den 1840ern im Spiekerooger Westen allmählich damit an, den unschuldigen Strand in ein **Herren- und Damen-Areal** einzuteilen. Ein paar ausgemusterte Norderneyer **Badekarren** wurden für den Fremdenverkehr in Betrieb genommen. 1846 wurde die Insel ganz offiziell Seebad und im Gründungsjahr stellten sich nicht weniger als 162 Besucher ein.

Das will schon etwas heißen, denn die **An- und Abreise** wurde den damaligen Touristen nicht

Immer schön höflich!

Unter hannoverscher Ägide (ab 1815) wurde jeder Lebensaspekt im jungen Seebad Spiekeroog mit einem Wust von **Paragrafen** überzogen, die den frischen Seewind gewohnten Insulanern so recht geschmeckt haben dürften.

Allein 17 Bestimmungen regelten in der ersten Hälfte des 19. Jahrhunderts den bescheidenen **Fährdienst.** Die erste spezifizierte, dass „der Fährmann jeden, der mit ihm überfährt, mit Höflichkeit zu behandeln" hätte. Außerdem wurde ihm vorgeschrieben, wie er in Neuharlingersiel sein Schiff anzulegen hatte, nämlich „daß Reisende bequem einsteigen und ihre Sachen leicht einladen können", und selbst für das Tuten und Blasen gab es Vorschriften.

Der **Kutschverkehr** war sogar durch 21 Verordnungen gezügelt. So musste der Kutscher mindestens 18 Jahre alt und „nicht weiblich" sein, „durch Wohlverhalten sich ausweisen, anständig und reinlich gekleidet sein, höflich und bescheiden sich aufführen". Die Pferde mussten gesund, das Geschirr reinlich sein. Und so weiter und so fort.

Ein Wunder eigentlich, dass die Spiekerooger nicht das Handtuch warfen und den Zirkus mitmachten. Aber schon bald setzte sich wohl die Erkenntnis durch, dass mit den Badegästen mehr und leichter Geld zu verdienen war als mit mühsamer Fischerei und Landwirtschaft, auch wenn man „höflich und bescheiden sich aufführen" musste.

leicht gemacht. Von Emden, wohin man seinerzeit bereits mit der Bahn gelangen konnte, dauerte die Tour – eher eine Tortur – immerhin noch zwei Tage: Nachdem man unter Segel übers Watt gedümpelt war, stieg man auf Spiekeroog-Reede auf Boote und dann auf zweirädrige Pferdekarren um. Alles in allem eine elend strapaziöse und nasse Angelegenheit, bei zudem stets die Hand von Trinkgeld heischenden Insulanern aufgehalten wurde, wie es sich für einem zünftigen Fremdenverkehr geziemt.

Inselbahn

Die recht mühsame Anlandung konnte ab 1891 mittels einer **Holzpier** im Südwesten der Insel etwas bequemer gestaltet werden. Ein Glücksfall – des einen Not, des anderen Brot – ermöglichte den Bau dieser Brücke, nachdem die finnische Bark „Neptun" auf Spiekeroog havariert war und ihre Ladung mit Tausenden von Holzbohlen billig (und ehrlich!) erworben werden konnte. Hiermit entfiel das umständliche Ausbooten.

Aber die Rösser der **Pferdebahn** (siehe Exkurs „Mit 1 PS westwärts nach Laramie") mussten weiterhin ins Wasser trotten, weshalb sie schon nach wenigen Dienstjahren an Rheuma erkrankten und nicht mehr eingesetzt werden konnten. Außerdem lag die Landungsbrücke so ungeschützt am Fahrwasser, dass ab Windstärke 6 der Verkehr zwischen der Insel und dem Festland zum Stillstand kam.

Dennoch wurde dieses System im Prinzip bis 1949 beibehalten. Dann übernahm zum allgemeinen Bedauern eine **Diesellok,** die bis auf den Anleger fahren konnte, den Dienst.

Dicke Dampfer

Die erste Fähre im Jahre 1792 war noch eine bescheidene **Schaluppe** gewesen. Doch schon im 19. Jahrhundert übernahmen Dampfer den Verkehr, darunter einige recht ulkige Typen, die zum Teil auf einigen Umwegen fuhren. Erst allmählich modernisierte sich das Erscheinungsbild der Fahrzeuge bis zu den heutigen großen **Dieselfähren,** deren größte über 700 Passagiere transportieren kann und die alljährlich an die 230.000 Reisende befördern. *Johannes Meyer-Deepen* schildert in seinem Buch „Spiekeroog" (siehe „Anhang/Literaturtipps) die abenteuerlichen Lebensläufe einiger dieser Schiffe – auf manchen wäre man gerne mitgefahren!

Zwischen den Kriegen

Die Jahre zwischen den beiden Weltkriegen stehen in den Spiekerooger Annalen als **„gute alte Zeit"** zu Buch und die wenigen überlebenden Zeitgenossen erinnern sich gerne, denn es war eine gute Zeit, obwohl (oder weil?) sich nach 1918 zunächst nicht viel regte.

Das damalige **Gemeinschaftsleben** der Insulaner wird als stark ausgeprägt beschrieben; es erfuhr erst gegen Ende der 1950er-Jahre durch das Fernsehen und die sich ständig intensivierende touristische Monostruktur immer stärkere Störungen, um letztlich fast zum Erliegen zu kommen.

Bevor sich der Fremdenverkehr endgültig Bahn brach, betätigten sich die Spiekerooger in bescheidenem Umfang in der Landwirtschaft, er-

048s Foto: rh

gänzt durch ein wenig Fischerei. Man kann fast von **Subsistenzkultur** reden, in der jeder ohne Überschüsse für den eigenen Bedarf arbeitete, sich etwas Vieh und ein paar Hühner hielt und (auch in den Kriegen) genügsam über die Runden kam – eigentlich die ideale Lebensart, befindet die Wissenschaft.

Man genoss auch, was es heute im Zeichen der nackten Profitkultur nicht mehr zu geben scheint, nämlich **Lebensfreude** in eigener Sache, indem man Theaterstücke für sich selbst, nicht für Touristen, aufführte und sich gegenseitig mehr Zeit widmete, als man zu Beginn des 21. Jahrhunderts zu träumen wagen könnte. Wenn die Insulaner heutzutage wieder zusammenfinden, beschreibt ein Oldtimer die Situation vor ein paar Jahren, dann, um vor den Fremden aufeinander zuzuflüchten. Das ist die Kehrseite der Medaille einer florierenden Industrie. Das Leben war damals sehr einfach, aber seine nicht kaufbare Qualität war hoch.

Nachkriegszeit

Der Zweite Weltkrieg ließ Spiekeroog links liegen, und zwar im wahrsten Sinne des Wortes, denn das zur Rechten benachbarte Wangerooge wurde schwer bombardiert. In beiden Kriegen waren aber Spiekerooger Tote an Fronten weitab der Insel zu beklagen. Vom letzten Kriegsjahr an war die Existenz auf Spiekeroog zunächst schwer, denn der Insel wurde ein großes Kontingent von **Flüchtlingen** und Ausgebombten zugewiesen, die alle über die Runden gebracht werden mussten. Dennoch begann der Fremdenverkehr sich nach nur kurzer Anlaufzeit schon 1948 wieder zu rühren und bald wurden immer stattlichere Besucherzahlen gemeldet.

Kleine Gärten gibt es immer noch

Spiekeroog heute

Bautätigkeiten

Natürlich mussten nach dem Krieg einige Strukturen geändert werden. Vormals waren die Insulaner noch auf ihre Schafställe ausgewichen, wenn die Fremden kamen, um diesen alles zum Besten zu richten. Doch so konnte es nicht weiter gehen. Eine lebhafte Bautätigkeit setzte ein. Es galt, **Fremdenzimmer, Badestuben** und **Speisestätten** einzurichten. Gottlob ging man behutsam dabei vor. In den Nachkriegsjahren hätte man, wie es auf anderen Nordseeinseln geschah, viel Beton in den Sand setzen und das dörfliche Ambiente für immer zerstören können. Das haben die insularen Verantwortlichen klugerweise vermieden; ein Hotel mit Bettenburg-Charakter wurde sogar dem Erdboden gleichgemacht. Dennoch sind Zahlungen aus dem Weltkulturerbe-Fonds der UNESCO nicht zu erwarten, weil historisch Gewachsenes kaum vertreten ist.

Immerhin wurde aber der Betrieb des **Flugplatzes** bei Kriegsende nicht fortgeführt, sondern das Gelände, nachdem der Runway ohnehin schon untauglich gemacht worden war, dem Verfall überantwortet.

Einen **neuen Hafen** zu bauen, um die wacklige Landungsbrücke im Südwesten abzulösen, erwies sich jedoch als unumgänglich. „Spiekeroog Port" wurde nach längeren Diskussionen und aufwendigen Arbeiten, darunter dem Ausbaggern einer speziellen Fahrrinne, 1981 in seiner heutigen Position eingeweiht. Damit entfiel auch das Erfordernis einer Bahnlinie, von der im gleichen Jahr mit großer Wehmut Abschied genommen wurde.

Im Zuge des allgemeinen Wettrennens um moderne Kuranlagen setzte man 1977 das **Meerwasser-Hallenbad** und gleich daneben die **Inselhalle** in die Dünen im Nordwesten des Ortes. Die Halle brannte im August 2000 zur Gänze ab. Seitens des Publikums hielt sich das Verlustempfinden offenbar in Grenzen, denn viele bemerkten gar

076s Foto: rh

nicht, dass das für Spiekeroog viel zu klobige Gebäude nicht mehr existierte. Die Inselverwaltung hielt einen Neubau jedoch offenbar für unverzichtbar, denn man hat die Inselhalle wieder entstehen lassen, und das nötige Geld dafür war auch wohl da. Sie heißt jetzt **„Haus des Gastes Kogge“,** befindet sich am Noorderpad 25 und beherbergt die Kurverwaltung mit Gästeinformation, Kurbeitragskasse, Zimmernachweis und diverse Einrichtungen für Konzerte, Seminare, Ausstellungen usw.

Üppiger Baumbestand

Was das Dorf Spiekeroog so besonders einladend macht, sind aber nicht solche modernen Baulichkeiten, sondern sein reicher Baumbestand. Schon 1884 wird dieser von einem Inselbesucher als beeindruckend beschrieben: „Im Dorf finden sich auffallend viele Bäume und Gesträuche, welche

Geführte Ortstour

050s Foto: rh

demselben ein freundliches Ansehen geben, namentlich Prachtexemplare an Linden, Eschen und Kastanien mit niedrigen, aber breiten und dichten Kronen." Bereits damals war dieser Baumbestand aber **nicht inseltypisch,** denn für die Spiekeroo-

Überall im Dorf herrscht lauschiges Grün vor

ger galt offenbar schon immer das alte friesische Motto: „Ik mutt mien Land sehn!" – da durfte nichts im Weg stehen. Es waren Urlauber vom Festland, die den Inselfriesen erst beibringen mussten, welche Vorteile Bäume an einer Wetterküste haben und wie man sie überhaupt pflanzt – das behaupten jedenfalls böse Zungen.

Die damalige Pflanzaktion könnte ungefähr so ausgesehen haben: Ein Mann betritt ein Lokal, bestellt ein Bier, trinkt einen Schluck, stürzt zur Tür und brüllt: „Das Grüne nach oben!" Dann setzt er sich wieder hin, trinkt einen Schluck, springt erneut zur Tür und schreit: „Das Grüne nach oben!" Da fragt der Wirt: „Warum rennen Sie denn immer zur Tür und schreien: Das Grüne nach oben?" „Ach wissen Sie", sagt der Mann, „ich beaufsichtige zwei Ostfriesen beim Bäumepflanzen!" (aus dem „Ostfriesland Magazin").

Naturnahe Prägung

Höchst lobenswert ist immerhin, dass man die Bäume stehen ließ, bzw. neue anpflanzte, um dem Örtchen seine naturnahe Prägung zu erhalten. Allein die Umgrünung der alten Inselkirche ist fast so sehenswert wie das kleine Gotteshaus selbst. **„Grüne Insel Spiekeroog"!** Dabei muss es bleiben; jeder abgehackte Baum ist ein Sollposten auf der insularen Bilanz.

Passend zu diesem Bild haben sich einige der etwas über 700 Insulaner **Naturgärten** angelegt, gegen deren „Unaufgeräumtheit" die vorherrschende Rasenmäherfraktion indes gewaltig anwettert – Spiekeroog ist eben nicht nur eine friesische, sondern ganz offensichtlich auch eine deutsche Insel.

Zu diesem Status gehören auch **Hinweisschilder** an jeder Straßenecke und selbst mitten in der Wildnis. Weil Reporter vom „Stern" vor einigen Jahren deshalb „Grüne Hölle" lästerten, hat man den Schilderwald zwischenzeitlich ausgedünnt, aber es könnten gerne noch ein paar weniger werden.

Dennoch ist **Ökologie kein Fremdwort** auf der Insel. Es versteht sich von selbst, dass die insulare Kläranlage vom Feinsten ist, dass ein so gut wie unsichtbares Blockheizkraftwerk für Wärme sorgt und dass Hauskompostanlagen unauffällig viel Abfall reduzieren. Was sich ansonsten an Müll anhäuft, gewiss nicht wenig, wird zum Festland geschafft. Auf der Insel gibt es keine Müllkippe. Plastik- und anderer Müll am Strand, ohne den es wohl nie gänzlich geht, stammt nicht von der Insel, sondern von Schiffen und aus festländischen Flüssen. Auch befleißigt man sich, Einwegverpackungen in Grenzen zu halten, seine Wäsche biologisch zu verrichten und Wasser zu sparen. Eine rechte Sisyphus-Arbeit vis-a-vis der Besucherscharen, aber man gibt sich Mühe.

Die Spiekerooger Natur

Reiche Vegetation

Neben dem üppigen Baumbestand des Dorfes fällt die reiche Vegetation der **Spiekerooger Dünen** ins Auge. Botaniker sprechen hier von einer „ruhigen Entwicklung“ mit mehreren Stadien. Die Pflanzenwelt konnte sich vielfältig heranbilden, weil schon früh (im 17. Jh.) die Dünenbeweidung durch Haustiere abgeschafft und ein Verbot des Abmähens von Strandhafer für Viehfutter durchgesetzt wurde. Bereits im 18. Jahrhundert mussten die Insulaner auf Geheiß „von oben“ so genannte Helmpflanzen in die Dünen setzen, um selbige am Wandern zu hindern. Ausschlaggebend für die effektive „Begrünung“ der Insel war 1880 auch die endgültige Ausrottung der Kaninchen, die auf anderen Inseln weiterhin in großer Zahl vertreten sind und durch Unterwühlung der Dünen beträchtlichen Schaden anrichten.

Auf Spiekeroog führte die Gesamtentwicklung unter anderem zur Heranbildung umfangreicher Strand- und Wattwiesen, auf denen manche Pflan-

051s Foto: rh

zen, so die schöne **Stranddistel,** in großer Zahl zu finden sind (es gibt hier mehr als auf allen anderen ostfriesischen Inseln zusammen!). Besonders viele Exemplare der *Eryngium maritimum* wachsen entlang des Seestrandes in Höhe der Hermann Lietz-Schule.

Typisch für Spiekeroog sind auch große Bestände von **Straußgras** und **Sandseggen,** die große Dünentrakte zur Gänze bedecken und ein wenig zu jenen savannenartigen Panoramen in kräftigem Braunrot beitragen, die das Herz des Fotografen erfreuen.

Kräftiger Bewuchs zeichnet die Inseldünen aus

Heile Dünen

Dennoch kam die Entwicklung einer inselweiten Begrünung Spiekeroogs erst um die Mitte des 20. Jahrhunderts richtig in Gang, vom Baumbestand des Dorfes einmal abgesehen. Bis um 1900 etwa war die Insel nur wenig mehr als ein großer Sandhaufen, auf dem **Wanderdünen** und fliegender „Jagsand" den Einwohnern das Leben schwerer machten als die gefürchteten Sturmfluten. Noch 1847 ist von einer gewaltigen Wanderdüne von über 20 Metern Höhe die Rede, die sich vor dem Dorf türmte und es unter sich zu begraben drohte. Gegen solche Naturphänomene mussten sich die Insulaner mit schwerer Arbeit und oftmals vergeblich zur Wehr setzen.

053s Foto: rh

Die Gesamtheit solcher Maßnahmen führte, wie erwähnt, erst in der Neuzeit zu sichtbaren Resultaten und mithin zur „grünen Insel". Selbst die allzeit kritische Verwaltung des Nationalparks Niedersächsisches Wattenmeer (siehe „Nationalpark Niedersächsisches Wattenmeer") bescheinigt den Dünen Spiekeroogs heute eine durchweg gute Erhaltung und betont auch eine geringe Beeinträchtigung durch touristische **Trittschäden.** Keine Selbstverständlichkeit, denn schon in vergangenen Jahrhunderten wurden die größten Zerstörungen im Dünenbereich durch Zertrampeln angerichtet, woran sowohl Menschen als auch Vieh beteiligt waren.

Dass der heutige Status erreicht werden konnte, mag auch an den Besuchern liegen, die sich gerade auf Spiekeroog durch **Diszipliniertheit** auszeichnen und großenteils Stammgäste sind, die „ihre" Insel erhalten sehen wollen. Hilfreich ist zweifellos ebenfalls, dass große Dünentrakte dicht mit stacheliger Vegetation wie Brombeer- und Sanddornsträuchern bewachsen sind, die Eindringlinge fern halten. Dennoch muss mit **Verordnungen** nachgeholfen werden; immerhin wird Spiekeroog jährlich von fast einer halben Million Füßen betreten. Spaziergänge in den Dünen sind überall auf freundliche Art – „bitte" – untersagt.

Brandgefahr!

Im ganzen insularen Dünen- und Waldbereich besteht zudem ein **generelles Rauchverbot,** weniger, weil der Verwaltung die Gesundheit der Gäste am Herzen läge, sondern weil ein Buschfeuer katastrophale Auswirkungen hätte. Insbesondere

Hoffentlich ist das groß genug!

052s Foto: rh

bei hochsommerlich trockenem Wetter kann schon Flugasche von Zigaretten einen Flächenbrand auslösen. Hier ist nun wirklich Schluss mit lustig und auf diesen Schildern wird nicht mehr gebeten, sondern verboten.

Kleine Dünenkunde

Mehr noch als auf den anderen ostfriesischen Inseln sind die Dünen Spiekeroogs geradezu zum **Markenzeichen** des Eilands geworden. Dies gilt sowohl für die hohen, weißen Primärdünen entlang der See als auch für die dicht bewachsenen Sandhügel der „dritten Reihe", die fast schon Festlandcharakter haben.

Die Spiekerooger Dünen sind zum großen Teil gut erhalten

Auch die **Höhe** der Spiekerooger Dünen weist Superlative auf: Im Wittdün-Bereich westlich des Strandpads gibt es einen Schwindel erregenden Gipfel von 24 Metern – sofern der Wind nicht gerade ein Stückchen abgeblasen hat. Auf dieser luftigen Höhe hatte sich im Zweiten Weltkrieg die Flugwacht etabliert, wo dienstverpflichtete Insulaner den Himmel observierten. Die Stellung war aber wohl nicht wichtig genug, um einen feindlichen Angriff auf sich zu ziehen.

Auf 18 Meter bringt es die Kohuk-Düne am östlichen Hellerpad. Der Name steht für „Kuh" (Koh) und „Ecke" (Huk), in der die Milchviecher bei Sturmflut zusammengetrieben wurden. Auch die **Bezeichnungen** anderer markanter Dünen gehen auf alte Zeiten zurück. So jener der Kaapdüne, wo bis 1912 eine Bake (Kaap) als Seezeichen stand. Von der Utkiek-Düne hielt man im 19. Jahrhundert Ausschau nach Schiffen in Not, und die Pickzack-Düne (kein Druckfehler) ist nach einem Zöllner dieses Namens benannt. Die Batterie-Dünen erinnern an die einstige Franzosenschanze westlich des Ortes und die Süder- bzw. Lütjeoog-Dünen noch weiter im Westen gemahnen an das kleine Eiland dieses Namens.

Ein kleiner Hinweis: Sofern eine **Treppe** hinaufführt, möge man die Miniberge gern ersteigen, denn es handelt sich ganz offiziell um „Aussichtsdünen". Das Erklimmen anderer Dünen ist dagegen nicht erlaubt.

Nationalpark Niedersächsisches Wattenmeer

Entstehung

Die Schäden, an denen die Nordsee, ihre Inseln und Wattengebiete krankten, ließen sich in den frühen **80er-Jahren** des 20. Jahrhunderts nicht mehr übersehen. Öl, Chemikalien und urbane Abwässer waren generationenlang hemmungslos „eingetragen" worden und horrend bezahlte Fachleute im Dienste der Verursacher waren sich nicht zu schade, dem deutschen Hausmeer eine unbegrenzte Absorptionsfähigkeit zu attestieren; der Dreck würde sich darin schon zu einem Nichts verdünnen und alles sei paletti.

Es ist eigentlich erstaunlich, dass ökologische Denkprozesse erst zu einem Zeitpunkt einsetzten, der nur ein paar Jahre zurückliegt. Doch die relevanten Erkenntnisse müssen sich geradezu explosiv geballt haben, und sie müssen erschreckend gewesen sein. Auf höchster Ebene wurde mit Macht angeregt, zumindest die Ränder der Nordsee durch ein **großflächiges Nationalparkkonzept** zu schützen. Die Pläne nahmen rasch Gestalt an – ein Beweis ihrer Dringlichkeit – und wurden gegen wütende Widerstände von allen Seiten, nicht zuletzt von den Nordsee-Insulanern, in die Praxis umgesetzt.

Seit 1986 genießt das Wattenmeer vom holländischen Den Helder bis zum dänischen Esbjerg, nur von wenigen Lücken unterbrochen, **strengen Naturschutz** und der Status dieses riesigen Naturreservats, Europas größtem, wird auch weiterhin ausgebaut.

• **Informationsmaterial** der Nationalparkverwaltung gibt es bei deren Hauptbüro (Virchowstr. 1, 26382 Wilhelmshaven, Tel. 04421-408290). Das Spiekeroog am nächsten gelegene „Nationalparkhaus" befindet sich in Carolinensiel (Pumphusen 3, Tel. 04464-8403). Auf der Insel selbst gibt es keines.

Ruhezone

Der niedersächsische Anteil am Nationalpark reicht von der niederländischen Grenze (die Dollart-Bucht wurde vor kurzem dem Park angegliedert) bis Cuxhaven und umfasst ein Areal von etwa 2500 Quadratkilometern. Etwas über die Hälfte dieser Fläche gilt als Ruhezone, in der die **strengsten Schutzbestimmungen** zur Anwendung kommen, da sich hier die empfindlichsten Landschaftsteile, Pflanzen- und Tierarten des Nationalparks befinden. In der Ruhezone sind

054s Foto: rh

menschliche Aktivitäten außerhalb einiger ausgewiesener Pfade und Flächen nicht erlaubt. Nur wenige Ausnahmen hat die Nationalparkverwaltung zugestanden, so gewisse althergebrachte Nutzungen durch die ansässige Bevölkerung und neuerdings im Zeichen einer Kompromisslösung auch die existierenden Flugplätze und einige intensiv benutzte Strandbereiche.

Zwischenzone

Rund **45 % der Parkfläche** gehören zur Zwischenzone, in der weniger strenge Schutzbestimmungen greifen. Illegal sind hier jedoch alle Handlungen, die den Charakter der Natur und des Landschaftsbildes beeinflussen und die Ruhe der Tierwelt stören.

Bei Familie Möwe ist immer was los

Erholungszone Diese Areale, die lediglich 1 % der Gesamtfläche ausmachen, dienen dem **Erholungs- und Kurbetrieb** und stehen der Öffentlichkeit zur freien Verfügung (sieht man einmal davon ab, dass ja die Kurtaxe gezahlt werden muss). Störungen angrenzender Ruhe- und Zwischenzonen sind hier jedoch ebenfalls zu vermeiden.

Proteste Auf Spiekeroog liegt man, genau wie auf den anderen Inseln, **im Clinch mit der Nationalparkverwaltung** in Wilhelmshaven, die für diese Areale zuständig ist und keinen Zweifel daran lässt, wer insofern Herr im Hause ist. Gegen diese „Bevormundung" hat man auf allen ostfriesischen Inseln in jüngerer Zeit immer häufiger aufbegehrt, ohne dass sich indes klarere Gründe für die Protesthaltung abzeichneten als trotziges Gegensteuern mit dem Tenor: „Das können wir auch selber!" Und auch die lobbyistischen Interessenvertretungen einiger weniger auf Kosten der Mehrheit fügten natürlich ihr Scherflein bei.

Weltnaturerbe Zu wenig verständlichen Trotzgesten kam es ebenfalls, als das niedersächsische Umweltministerium im Oktober 2001 in Aussicht stellte, das Wattenmeer als Weltnaturerbe der **UNESCO** anerkennen zu lassen und es damit auf eine Stufe mit globalen Naturhöhepunkten wie dem Grand Canyon und dem australischen Great Barrier Reef zu stellen. Eine Auszeichnung ersten Ranges, betonte der zuständige Minister, um die man sich weltweit geradezu reißen würde.

Doch dem Plan schlug nichts als **Skepsis und Misstrauen** seitens der Anrainer entgegen. Die Küstenbewohner hätten durch den Nationalpark schon eine ganze Reihe von Einschränkungen erfahren, argumentierte ein Lokalpolitiker, und man ließ wenig verhüllt durchblicken, dass man an dem hohen Orden, der da verliehen werden sollte, kein Interesse hätte.

055s Foto: rh

Land ohne Ecken und Kanten

Selbst der anwesende UNESCO-Vertreter war verwirrt. „Wir sind selten in der Lage, dass wir für das Programm werben müssen. Normalerweise müssen wir eine ungeheure Zahl von Bewerbungen abwehren“, sagte er ratlos und fügte hinzu: „Das Wattenmeer erfüllt die Kriterien. Es ist ein einzigartiger Naturraum von universaler Bedeutung. Wir können uns der Verantwortung, die uns dieser Schatz auferlegt, nicht entziehen.“ Und: „Das UNESCO-Weltnaturerbe-Prädikat ist das wertvollste touristische Label, das es weltweit gibt.“

Das alles machte auf die anwesenden Insel- und Küstenvertreter wenig Eindruck, denn im tiefsten Herzen wohnt offenbar überall die Furcht inne, dass irgendwelche Pfründen verloren gehen könnten. Doch mit Plänen wie jenen der UNESCO kommt man der Bevölkerung nur entgegen; man will sie in das Konzept sogar mehrheitlich einbeziehen. Das ist eigentlich ein **geschenkter Gaul,** denn vieles, um welches da debattiert wird, gehört den Insulanern ja gar nicht: die Nordsee, das Wattenmeer, nicht einmal, wie im Fall Spiekeroog, die Badestrände. Sollte man den Gaul ablehnen, wird man sich später wohl unkluges Handeln vorwerfen lassen müssen.

Naturschutzgebiete auf Spiekeroog

Das NSG Spiekeroog ist **dreigeteilt,** der Platzbedarf bis zum Äußersten ausgereizt. Schon deswegen gibt es auf der Insel zweifellos oppositionelle Stimmen. Aus dem gleichen Grund darf Spiekeroog aber auch seinen ganz speziellen Ruf als grünes Eiland propagieren, was der touristischen Industrie bestimmt nicht schadet.

Wester- und Ostergroen

Links und rechts des Hafens liegen diese beiden **unbedeichten Salzwiesengürtel,** von Wasserläufen durchzogen und teils im Verlanden begriffen, teils schon in Dünengrasfluren übergehend, so vor allem im Ostergroen.

In beiden NSGs tummeln sich **Pferde** der zwei insularen Reitställe. Dieses Zugeständnis ist von der Nationalparkverwaltung gemacht worden, weil den Grünflächen die Beweidung (und „Beapfelung") offenbar ganz gut tut und weil ohne diese Möglichkeit Spiekeroog keine „Pferdeinsel" sein könnte. Die Pferde existieren ohnehin halb wild (ähnlich den Verhältnissen in der südfranzösischen Camargue) und kommen insofern dem Na-

056s Foto: rh

turparkgedanken schon ein Stück entgegen. Außerdem dürfen Satteltouristen in diese Areale kurzfristig eindringen, um ihre Pferde darin zu „fangen“. Die Kurverwaltung bittet alle anderen Kurgäste jedoch inständig darum, es diesen Privilegierten nicht nachzutun und sich nicht auf die Pferde zu setzen ...

Der Westergroen beheimatet eine große Brutkolonie der **rotfüßigen Fluss- und Küstenseeschwalbe,** einem kleinen, quicklebendigen Vogel mit halb schwarzem Kopf, weißem Gefieder und roten Füßen. Mit den Rössern arrangiert sich der Vogel offenbar, denn die Wasserläufe mit z. T. meterdicken Schlickböden halten die Pferde, wie es scheint, von den Brutgebieten fern. Menschen dürfen das Gebiet jedoch ganzjährig nicht betreten, abgesehen von den wenigen Reitern. Ideal zur **Vogelbeobachtung** ist die alte, halb verfallene Landungsbrücke am südlichen Zipfel des Geländes, der über den Strandstreifen erreicht werden kann. Die Vögel hocken hier oft in riesigen Scharen vor allem am Wattensaum und kümmern sich nicht um menschliche Strandläufer. Denen ist der weitere Zugang nach Osten, also über die Pier hinaus, ohnehin untersagt.

Im Ostergroen erschließen zwei gekennzeichnete Wege die Ruhezone. Auch hier befindet sich ein ideales Terrain für die Vogelbeobachtung, denn die beiden Pfade (die nicht verlassen werden dürfen!) führen dicht an großen Federviehkolonien vorbei. Außerdem gibt es in diesem NSG vielfältige Übergänge von Salzwiesen zu **Dünengrasfluren,** wo wiederum zahlreiche Vögel in Erscheinung treten.

Ostplate

Die Ostplate umfasst annähernd die gesamte östliche Hälfte Spiekeroogs und ist wegen ihrer noch nicht allzu lange zurückliegenden Entstehung mit noch sehr **jungen Biotopen** ein Paradies für Naturforscher. Der hier stattfindende **Anlandungsprozess** ist in seinem Umfang mit keiner anderen

057s Foto: rh

ostfriesischen Insel zu vergleichen und setzt sich auch in der Gegenwart unvermindert fort (siehe „Die Nordsee/Land und Meer/Entstehung der Inseln").

Die Ostplate ist weiterhin in geologischer Entstehung

Im Wesentlichen ist die Ostplate ein großes Sandablagerungsgebiet, in dem sich aber schon **Dünen** unterschiedlichen Alters heranbilden konnten und breite Verlandungszonen mit **Salzwiesen** als Übergang zum Sandwatt entstanden. Die Vegetation geht in ihren Ursprüngen erst auf das Jahr 1935 zurück und hat sich seither fast ungestört entwickelt. Auf diesen Flächen lässt sich sozusagen im Zeitraffertempo miterleben, wie sich eine natürliche Tier- und Pflanzenwelt auf engem Raum entfaltet, und für Botaniker, Geologen, Ornithologen und andere Wissbegierige ist das Gebiet deshalb von größtem Interesse.

Im Bereich der Ostplate **brüten** Austernfischer in Kolonien, Eiderenten auf dem Heller und Silbermöwen, See- und Sandregenpfeifer sowie die vom Aussterben bedrohte Zwergseeschwalbe am Strand und im Primärdünengürtel.

Der Bedeutung dieses Terrains entsprechend darf die gesamte Ostplate außerhalb der gekennzeichneten Wege nicht betreten werden. In einigen Fällen ist die **Begehung** zudem zeitlich begrenzt, so bei dem schönen „Langwanderweg", der mitten durch das NSG bis zur Ostspitze führt. Dieser Pfad darf zur Vermeidung von Störungen nur außerhalb der Vogelbrut- und -aufzuchtzeit vom 1.8. bis 31.3. jedes Jahres benutzt werden. Das Begehen eines weiteren Pfades im Westteil der Ostplate (siehe Inselkarte) ist nur mit offizieller Führung zulässig. Diese Wege können unter Umständen auch gänzlich gesperrt werden, wenn sich neue ökologische Situationen ergeben. Ein „Vogelzivi" in einer Info-Bude gleich hinter der Hermann Lietz-Schule gibt in der Saison darüber Auskunft.

Distanz halten!

Um die insularen Piepmätze zu beobachten, ist Tuchfühlung keineswegs erforderlich und seitens des Parkpersonals alles andere als erwünscht. Die Zivis können Verwarnungen aussprechen, haben aber ansonsten keine Hoheitsbefugnis. Sie wer-

072s Foto: rh

den jedoch, wenn es hart auf hart kommt, einen Problemfall an die Polizei weiter reichen und dann kann es unangenehm werden. Man sollte deshalb ein **Fernglas** verwenden. Es tut vorzügliche Dienste, um auch auf weite Distanz die Objekte „heranzuholen" und bewahrt dieserart den Naturfrieden. Allein vom Hafen oder der alten Landebrücke am Westergroen aus lassen sich erstklassige Beobachtungen der meisten oben genannten Vogelarten tätigen.

Austernfischer im Watt

Verhalten im Nationalpark

Worum seitens der Nationalparkbehörde ganz speziell gebeten wird:

- Bitte beachten Sie unbedingt die **„Betreten Verboten"- und Hinweisschilder.** Sie erleichtern es Ihnen, sich im Nationalpark zurechtzufinden und sich dort so zu bewegen, dass Tiere und Pflanzen nicht beeinträchtigt werden.
- Die **ausgewiesenen Wege** erschließen Ihnen die Natur in ihrem vollen Reichtum, bitte weichen Sie nicht von ihnen ab. So schützen Sie die Tier- und Pflanzenwelt.
- Um die Pflanzendecke **in den Dünen** zu erhalten, sind vielerorts Stege und Wege gebaut worden. Benutzen Sie nur diese zum Spazierengehen und Wandern. Beachten Sie die markierten Dünenüberwege. Der Schutz der Dünen ist lebenswichtig für die Inseln.
- Nehmen Sie bitte besondere Rücksicht auf **geschützte Pflanzen** in den Salzwiesen. Im Nationalpark dürfen keine Pflanzen abgepflückt werden.
- Als Wanderer und als Wassersportler sollten Sie Vogelansammlungen meiden und sich in keinem Fall mehr als 500 Meter nähern. Die **Vögel** werden ansonsten beim Fressen, bei der Ruhe und Rast, beim Brüten oder bei der Mauser gestört.
- Um die **Seehunde** an ihren Liegeplätzen nicht zu stören, halten Sie als Wassersportler und Wattwanderer bitte einen Abstand von mindestens 500 Metern.
- Unternehmen Sie bitte **Wattwanderungen** nur unter fachkundiger Führung – zu Ihrer eigenen Sicherheit und um unnötige Störungen zu vermeiden.
- Im gesamten Nationalpark dürfen **Hunde** nicht frei laufen. Beachten Sie örtliche Regelungen! An bestimmten Deich- und Wegeabschnitten ist das Mitführen von Hunden grundsätzlich nicht gestattet.
- Bitte füttern Sie keine **wild lebenden Tiere** wie z. B. Möwen, Enten oder Fasane.

Fasane

Ein Vogel, der kein Fernglas erfordert, weil er einem immer wieder über den Weg laufen wird, ist der Fasan. Eigentlich gehört er gar nicht auf die Insel, sondern wurde erst 1920 von Jägern eingeführt. Mittlerweile soll es **„Tausende"** von ihnen auf Spiekeroog geben und es existieren offenbar nur wenige Areale auf der Insel, wo dieser hübsche Großvogel nicht in Erscheinung tritt. Im

Herbst darf auch Jagd auf die mehrfarbigen Hähne und die überwiegend braunen Hennen gemacht werden.

Die meisten Fasane sind scheu und fliegen vor sich nähernden Menschen laut schreiend davon. Andere sind bereits handzahm und warten darauf, gefüttert zu werden – was man unterlassen sollte: Die Tiere können sich auf der vegetations- und insbesondere beerenreichen Insel auch mühelos selbst ernähren. Interessant sind Hahnenkämpfe, die mit großem Engagement ausgetragen werden, wobei die Gockel sich um die Präsenz von Zuschauern wenig kümmern. Der Sieger kriegt die Henne, so will es die Natur.

Wie gewitzt der Fasan ist, erweist sich bei Jagdbeginn. Sobald im Spätherbst der erste Schuss fällt, **tauchen die Vögel im Dorf auf** und paradieren dort, vor den Flinten der Waidmänner sicher, auf den Straßen einher, natürlich zum größten Gaudium der Touristen.

Seehunde

Da der Seehund ein wenig als Symboltier der Nordseeinseln gilt, möchte der Tourist den possierlichen Flossenfüßer möglichst gleich am ersten Tag sehen. So leicht sind die munteren Gesellen allerdings nicht zu beobachten, denn es wird ja um gehörige Distanz zu ihnen ersucht. Die besten Chancen hat, wer sich einer **„Fahrt zu den Seehundsbänken"** anschließt, wie sie im Tourprogramm angeboten wird. Und als Bonus gibt es obendrein noch ein paar interessante Fakten über die fröhlichen Seesäuger.

Vor hundert Jahren tummelten sich noch etwa 40.000 Seehunde im Wattenmeer, eine Meute, die jedes Jägerherz höher schlagen ließ. Durch die nächsten Jahrzehnte hinweg wurde, teils aus „Gewohnheitsrecht", teils aus Rache am „Fischvertilger", teils nur zum perversen Vergnügen, auf das an Land fast hilflose Tier geballert, was die Flinten hergaben. Ob es sich bei der **Beute** um Babys oder ausgewachsene Seehunde handelte, war den Jägern egal. Die getöteten Jungtiere gingen in den Pelzhandel, die alten in die Margarine. Obwohl ab 1953 in der Bundesrepublik neue Jagdgesetze zum Tragen kamen, setzte sich das Treiben hemmungslos fort, denn im Kern stammte die Legislatur noch von Reichsjägermeister *Hermann Göring* aus dem Jahre 1934 und hatte mit Hege nichts am Hut. 1974 sank der Bestand entlang der Nordseeküste von den Niederlanden bis Dänemark auf 3600 Tiere. Jetzt wurden jedoch endlich **Schutzmaßnahmen** eingeführt und später im Zuge der Etablierung des Nationalparks spezielle Reservate eingerichtet. Die Bestände begannen sich zu erholen. Obwohl das durch Umweltgifte und Immunschwächen ausgelöste große Seehundsterben in den Jahren 1988–89 weitere dramatische Lücken schlug, haben sich im Zeichen einer offenbar wieder erholenden Nordsee die Zahlen seither stetig erhöht. Mindestens 20.000 Seehunde, so wird geschätzt, sind heute wieder im internationalen Wattenmeer daheim und vermehren sich, putzmunter und kerngesund.

Was den Ökologen, den Meeresforscher und den Inseltouristen erfreut, ist **dem Berufsfischer**

059s Foto: hb

ein Dorn im Auge. Er und die Funktionäre, die seine Interessen vertreten, glauben zu wissen, dass der Seehund für die immer geringeren Erträge in den Netzen verantwortlich ist, und manche Fischer – nicht alle – fordern unmissverständlich, wieder das Feuer auf den bösen Räuber zu eröffnen.

Sachkenner tun solche Überlegungen – wörtlich – als „Blödsinn" ab und verneinen die Notwendigkeit einer Kriegserklärung. Erstens hält sich das **ökologische Gleichgewicht** auch bei Seehunden die Waage; es ist nicht damit zu rechnen, dass eines Tages Millionen von ihnen die Nordsee bevölkern. Zum anderen handelt es sich bei den Fischen, von denen Seehunde sich ernähren, in der Mehrzahl um Arten, die ohnehin kommerziell wertlos sind. Für die Dezimierung des Wittlings zum Beispiel sollten Granatfischer dem Seehund von Herzen danken, denn dieser Fisch, der auf keinen Tisch kommt, vertilgt ganze Populationen der teuren Nordseegarnelen, die für den Seehund wiederum von geringem Interesse sind. Was namentlich die **industrielle Fischerei** andererseits als unbrauchbar über Bord wirft und dem Verderb überantwortet, summiert sich jährlich auf 500.000 Tonnen – eine unfassbare Zahl, in der der wahre Niedergang der Nordsee-Erträge steckt.

Mit „Feuer frei" auf den schwimmenden Hund ist mithin nicht zu rechnen. Selbst Deutschlands professionelle Robbenjäger, 22 an der Zahl, lehnen (außer einem) das Morden ab und beziehen lieber Stütze. Deshalb sind die Symboltiere der Nordsee auch **zutraulicher denn je** geworden und kommen den Ausflugsbooten schon mal neugierig nahe. Die geborenen Entertainer! Und wenn jetzt doch noch einer gegen sie anmosert, ignoriere man ihn einfach.

Der Seehund will wissen, was Sache ist

Junger Seehund am Strand – was tun?

Mitunter – sehr selten – stößt ein Badegast in einsamer Strandwildnis auf einen kleinen Seehund, der kläglich fiept, deshalb auch **„Heuler“** genannt wird, und offenbar von allen guten Geistern, einschließlich der Mama, verlassen ist. Was kann man in solchem Fall tun?

Am besten lässt man den Kleinen weiterhin allein. Das Muttertier mag in der Nähe sein und sich nur wegen der Anwesenheit des Strandläufers verborgen halten. **Auf keinen Fall darf das Jungtier berührt werden.** Es wird dann nicht mehr von der Mutter angenommen und ist zum Sterben verdammt. „Streicheln“ ist in der Welt der Seehunde außerdem etwas absolut Unübliches.

Schlimmer noch ist die Mitnahme des Jungtieres. Obwohl die Spezies Seehund nicht mehr bejagt wird, fällt sie weiterhin unter das Jagdrecht. Das bedeutet, dass „jedes Nachstellen oder jede unberechtigte Entnahme“ gleichbedeutend mit Wilderei ist und nach § 292 StGB mit bis zu fünf Jahren Gefängnis oder strammer Geldstrafe geahndet werden kann. In diesen Paragrafen sollte man sich also tunlichst nicht verstricken.

Wem das Verhalten des Jungtieres Besorgnis erregend erscheint, der gebe der Kurverwaltung oder der Polizei (Tel. 319) Bescheid. Unter äußersten Umständen wird der Kleine dann aufgesammelt und der **Seehundaufzuchtstation** in Norddeich zugeführt. Entsprechendes gilt für andere Tierarten wie Vögel.

Alles über das Watt

Mischprodukt

Die Biosphären, die hier bislang geschildert wurden und die das Heim der Fisch- und Vogelwelt sowie auch des Seehundes sind, also **die See** bzw. **der Strand,** stellen zwei sehr unterschiedliche Elemente dar. In einem weiteren vermischen sie sich zu einer eigenartigen Form, die keines von beiden ist, mal auftaucht und mal nicht, und von allen Topografien im Inselbereich am wenigsten belebt und interessant erscheint: Das Watt, so genannt, weil man in ihm waten kann und weil *wad* auf Altfriesisch „seicht, untief" bedeutet. (Beide Erklärungen gelten Sprachforschern als zulässig.)

Im Fall von Spiekeroog bildet das Watt einen gut fünf Kilometer breiten Streifen zwischen der Insel und dem Festland, durchzogen von mehreren tiefen **Prielen,** deren wichtigster, die Schillbalje, das Fahrwasser von Neuharlingersiel abgibt. Die Otzumer Balje, ein Loch mit bis zu 20 Metern Wassertiefe, setzt diese Rinne zur Nordsee fort, trennt mithin Spiekeroog und Langeoog. Im Osten hält die weniger tiefe (fünf Meter) Harle Distanz zu Wangerooge.

Das Watt, welches alle deutschen Nordseeinseln, außer Helgoland, an das Festland koppelt, fällt im **Rhythmus der Gezeiten** alle paar Stunden trocken und wird dann wieder überflutet: ein bis zwei Meter in der Norm und bis zu mehrere Meter tief bei Sturm. Es besteht aus **Schlick,** wie fester, zäher und dunkler Schlamm an der Nordsee heißt (und umgangssprachlich auch als „Gubbel" bezeichnet wird), streckenweise aus reinem **Sand** sowie auch den Mischformen aus beiden. Zwischen Spiekeroog und dem Festland herrscht mehr Gubbel als Sand vor, zur Küste hin ständig an Masse gewinnend. Dieser Schlick ist trotz seines Salzgehaltes so fruchtbar, dass Spiekerooger Schiffer ihn früher bis nach Norwegen verfrachteten, wo er kargen Felsböden Substanz gab.

Watten existieren auch an anderen Meeresküsten der Erde. Nur an der Nordsee bilden sie jedoch derart weite Flächen und sind daher einmalig – weshalb die UNESCO so fasziniert von ihnen ist. Man versteht zunächst vielleicht nicht, weshalb um all den Matsch so viel Aufhebens gemacht wird. Wer mit der Fähre nach Spiekeroog übersetzt, sieht wahrscheinlich gar nichts von all der Pracht, weil das Schiff auf Hochwasser angewiesen ist. Und von der Insel aus erkennt man dann die endlose graue Fläche, schrecklich öd und leer und bar allen Lebens, wie es scheint.

Belebtes Biotop

Doch dieser Schein trügt. Das Watt ist in Wirklichkeit eines der belebtesten Biotope von allen. Nur spielt sich die meiste Aktivität **unter seiner Oberfläche** ab, unsicht- und -hörbar, und manches dort Befindliche ist so klein, dass es dem Auge auch auf nächste Distanz entgeht.

Eine achtlos aufgenommene Hand voll Schlick wird von bis zu einer Million **Algenzellen** bevölkert, Grundnahrung für zahllose Kleintierarten, die jeden Winkel des Watts bewohnen. 40.000 **Minikrebse** allein wuseln auf einem Quadratmeter umher. Jede Tide führt dem trockenfallenden Nährboden wieder Sedimente zu, die bestehende Lebenszyklen erhalten und neue in Gang setzen. In dieser sich ständig regenerierenden **Urbrühe,** deren Oberfläche wie eine Wüstenei erscheint, wimmelt es von Leben. Hier beginnt die marine Nahrungskette mit den genannten winzigen Kieselalgen und setzt sich fort durch die larvalen bis voll entwickelten Stadien von Fisch-, Krusten- und Schalentierarten.

060s Foto: hb

Durch den Schlamm bohren sich **Watt- oder Pierwürmer,** bis zu fünfzig Exemplare auf dem Kubikmeter, für Fisch und Vogel eine gleich leckere Beute. Aufhäufungen an der Oberfläche deuten auf die Wühltätigkeit hin, eines der wenigen Zeichen untergründigen Werkens. Das in ca. 30 Zentimeter Tiefe lebende Wattgewürm musste früher von den Inselfrauen ausgegraben und auf Angelhaken gespießt werden, die an bis zu 700 Meter langen Fangleinen saßen. Diese wenig appetitliche Tätigkeit nannte man das *Esen,* dessen Wortstamm immer noch in einigen Ortsnamen an der Küste (Esens, Esbjerg) enthalten ist.

Genaues Hinblicken enthüllt aber auch die Spuren von **Borsten- und Seeringelwürmern** sowie die gelegentlichen Bewegungen verschiedener Muschelarten, von der kleinen **Wattschnecke,** die pausenlos Algen mampft, bis zur stattlichen **Sandklaffmuschel,** mit Saugrohren ausgerüstet, bis zu menschenfaustgroß und kiloschwer.

Dort, wo Steine und Pfahlwerk ein Festhalten erlauben, haben sich auch **Miesmuscheln** angesiedelt, bis zu 12.000 von ihnen auf dem Quadratmeter und begehrte Beute der in diverse ökologische Kontroversen verstrickten Muschelfischerei. Auf ihren blauschwarzen Gehäusen haben sich wiederum **Seepocken** niedergelassen, kleine, weiße Kegel, die kurioserweise zu den Krebstieren zählen und sich mangels defensiver Waffen auf einen bombenfesten Klebstoff verlassen, der sie an ihren Wirten unverbrüchlich festhält und mit dessen Zusammensetzung schon industrielle Anwender geliebäugelt haben ...

Stattliches Kaliber: Sandklaffmuschel

Garnelen

Bei steigendem Wasser kann man an den **Prielrändern** Bewegung erkennen. Es sind Garnelen, die sich mit der Flut wieder ins Watt treiben lassen, nachdem sie die Ebbzeit im Meer verbracht haben. Die Fischerei stellt ihnen intensiv nach, weil sie so teuflisch gut schmecken. Unter dem Namen **Granat** werden sie, zumeist schon an Bord in Seewasser gekocht, auf den Markt gebracht. Zwischen 20.000 und 30.000 Tonnen Granat enden alljährlich in den Kurren der deutschen Nordseefischer – eine enorme Menge, wie es zunächst scheint. Doch die Fischwelt vertilgt mindestens das Fünffache davon. Und wenn der Seehund nicht, wie oben beschrieben, Granatfressern wie dem Wittling an den Kragen ginge, wären es noch viel mehr. So wäscht eben eine Hand die andere.

Sind Garnelen mit Fischen verwandt?

Kröchen die so schmackhaften Garnelen (oder Granat) an Land herum, würde man sie wahrscheinlich als Insekten einstufen und sich furchtbar vor ihnen ekeln. Niemandem fiele es ein, sie zu verzehren. Kurioserweise ist diese Hemmschwelle bei den meisten Menschen aber nicht vorhanden – vielleicht ein Zeichen dafür, dass wir einst auch Meeresbewohner waren und uns immer noch mit den Genüssen der See zu identifizieren vermögen, wie fremdartig diese auch aussehen.

Denn Garnelen, Krebse, Krabben, Hummer, Langusten: Alle diese seltsamen Krustentiere, die uns als Delikatesse gelten, haben mit der Fischwelt, außer Kiemen, nichts gemeinsam und besitzen keinen einzigen Verwandten darunter. Zoologen siedeln die vielbeinigen Kreuz- und Querläufer eher bei den Spinnentieren an. Pfui Spinne? Na, und? Ordentlich Ketschup drauf, dann kann man auch die essen!

061s Foto: rh

Fauna und Flora am Strand

Krabben

Die bewussten Garnelen, von denen gerade die Rede war, werden auch gerne als Krabben bezeichnet. Das sind sie nun aber nicht. Krabben und Krebse sind **Panzerträger** und haben kräftige **Scheren,** die jedoch dem Badegast keinen Zeh abkneifen, ein kleines Kind in Notwehr aber ganz schön zwicken können.

Mit zur Familie gehört der **Einsiedlerkrebs,** der mit einem Muschelhaus auf dem Rücken gern an Land umhertorkelt. Greift man sich den Burschen, zieht er sich ins Haus zurück und macht die Klappe mit einer seiner Scheren zu. Kinder spielen gern mit Einsiedlern, wenn sie erst einmal gemerkt haben, dass er ihnen nichts tut. Umgekehrt besteht allerdings schon die Gefahr. Wer den Eremiten mit Gewalt aus seiner Muschel zerren will, reißt ihn entzwei und bringt ihn um. Das sollte man den lieben Kleinen (unter)sagen.

Quallen

Gestrandete Quallen auf dem Trockenen sind **harmlos,** auch wenn man auf sie tritt. Nur die gefährlichen Portugiesischen Galeeren, erkennbar an einer blauen Segelblase, können in ihren Fangfäden noch Nesselgift enthalten. Man sollte keine Scherze mit ihnen treiben, sich z. B. nicht damit bewerfen, sondern sie an Ort und Stelle belassen (siehe auch Exkurs: „Die Qualle übers Weltmeer segelt ...“).

Seesterne

Ein anderes Tier, das wie der Einsiedler oft als Spielgerät Verwendung findet, ist der Seestern. Gern wird er auch als Burgdekoration eingesetzt oder sogar als Nordsee-Souvenir mit nach Haus genommen. Dagegen ist auch gar nichts einzuwenden, solange der Meeresstern das Zeitliche

062s Foto: rh

gesegnet und schon mumifiziert in der Sonne gelegen hat. Bewegen sich auf seiner Unterseite aber noch viele **„Füßchen“**, so ist er weiterhin am Leben und man sollte ihn weit ins Wasser werfen. „Beißen“ kann er auch lebend nicht, obwohl er als arger Muschelräuber gilt.

Schwertmuscheln

Die Gehäuse der gut fingerlangen Schwertmuscheln liegen oft in großer Zahl an der Wasserlinie. Tritt man auf sie, zerknirschen sie in kleine Stücke. An ihren **scharfen Rändern** kann man sich aber leicht schneiden. Kinder sollten nicht mit Schwertmuscheln spielen. Dem Autor kam auch gerade ein Fall von einem Hund zu Ohren, der sich so böse schnitt, dass er fast das Zeitliche segnen musste.

Tange

Was da auf den Strand oder Wattensaum geworfen wurde und entweder wie trockenes Laub unter dem Fuß raschelt oder grünklebrig an ihm festpappt, sind Algen und Tange. Häufig handelt es sich um **Blasentang,** der beim Drauftreten „popp“ macht. Manche andere Tangarten sehen wie durchscheinendes grünes Papier aus. All diese marine Flora ist ungiftig und wurde zum Teil früher sogar gegessen. Wenn Kinder also daran herumkauen, spare man sich die Entsetzensschreie. Die lieben Kleinen tun sich solcherart womöglich sogar etwas Gutes.

Schwertmuscheln gibt es in rauen Mengen

611s Foto: rh

Anhang

Literaturtipps

- **Das Greenpeace-Buch der Nordsee,** *Mac Cavin, Malcolm,* Franckh-Kosmos, 1991.
- **Das Nordsee-Kinderheft,** *Janssen, Susan und Kruse, Jan,* BUND Schleswig-Holstein 1992.
- **Das Watt,** *Maywald, Armin,* Maier, Ravensburg 1991.
- **Die Nordsee, Inseln, Küsten, Land und Leute,** *Maier, Dieter,* Reich-Verlag, Luzern 1986.
- **Kleiner Vogelführer für die Ostfriesischen Inseln,** *Temme, Manfred,* Anker, 1982.
- **Lebensraum Nordseeküste und Wattenmeer,** *Dolder, Willi und Ursula,* Greil, Grünwald 1989.
- **Naturwunder Küste,** *Rohde, Jürgen,* Bucher, 1985.
- **Nationalpark Schleswig-Holsteinisches Wattenmeer,** *Fiedler, Walter,* Boyens, Heide 1992.
- **Pflanzen am Meer,** *Jantzen, Friedrich,* LB-Naturbücherei, 1989.
- **Was finde ich am Strande,** *Streble, Heinz,* Franckh-Kosmos, 1990.

Die folgenden Bücher sind im Eigenverlag der Kurverwaltung Spiekeroog erschienen und dort auch erhältlich:

- **Spiekeroog. Geschichte einer ostfriesischen Insel,** *Johannes Meyer-Deepen* und *Meertinus P. D. Meijering,* 212 Seiten.
- **Spiekeroog. Naturkunde einer ostfriesischen Insel,** 223 Seiten.
- **Schiffstragödie vor Spiekeroog,** *Johannes Meyer-Deepen,* 87 Seiten.
- **Skizzen aus meinem Sommeraufenthalte auf Spiekerooge im Juli 1862,** *Rudolf Schwartz,* 40 Seiten.

Außerdem, im REISE KNOW-HOW Verlag:

- **Plattdütsch – das echte Norddeutsch,** *Hans-Jürgen Fründt,* Reihe Kauderwelsch, Band. 120. 144 Seiten.

HILFE!

Dieses Urlaubshandbuch ist gespickt mit unzähligen Adressen, Preisen, Tipps und Infos. Nur vor Ort kann überprüft werden, was noch stimmt, was sich verändert hat, ob Preise gestiegen oder gefallen sind, ob ein Hotel, ein Restaurant immer noch empfehlenswert ist oder nicht mehr, ob ein Ziel noch oder jetzt erreichbar ist, ob es eine lohnende Alternative gibt usw.

Unsere Autoren sind zwar stetig unterwegs und versuchen, alle zwei Jahre eine komplette Aktualisierung zu erstellen, aber auf die Mithilfe von Reisenden können sie nicht verzichten.

Darum: Schreiben Sie uns, was sich geändert hat, was besser sein könnte, was gestrichen bzw. ergänzt werden soll. Nur so bleibt dieses Buch immer aktuell und zuverlässig. Wenn sich die Infos direkt auf das Buch beziehen, würde die Seitenangabe uns die Arbeit sehr erleichtern. Gut verwertbare Informationen belohnt der Verlag mit einem Sprechführer Ihrer Wahl aus der über 200 Bände umfassenden Reihe „Kauderwelsch" (Auswahl siehe unten).

Bitte schreiben Sie an: REISE KNOW-HOW Verlag Peter Rump GmbH, Postfach 14 06 66, D-33626 Bielefeld, e-mail: info@reise-know-how.de

Danke!

Kauderwelsch-Sprechführer – sprechen und verstehen rund um den Globus

Afrikaans • Albanisch • Amerikanisch – *American Slang, More American Slang,* Amerikanisch oder Britisch? • Amharisch • Arabisch – Hocharabisch, für Ägypten, Algerien, Golfstaaten, Irak, Jemen, Marokko, • Palästina & Syrien, Sudan, Tunesien • Armenisch • *Bairisch* • Balinesisch • Baskisch • Bengali • *Berlinerisch* • Brasilianisch • Bulgarisch • Burmesisch • Cebuano • Chinesisch – Hochchinesisch, kulinarisch • Dänisch • Deutsch – *Allemand, Almanca, Duits, German, Nemjetzkii, Tedesco* • *Elsässisch* • Englisch – *British Slang, Australian Slang, Canadian Slang, Neuseeland Slang,* für Australien, für Indien • Färöisch • Esperanto • Estnisch • Finnisch • Französisch – für Restaurant & Supermarkt, für den Senegal, für Tunesien, *Französisch Slang, Franko-Kanadisch* • Galicisch • Georgisch • Griechisch • Guarani • Gujarati • Hausa • Hebräisch • Hieroglyphisch • Hindi • Indonesisch • Irisch-Gälisch • Isländisch • Italienisch – *Italienisch Slang,* für Opernfans, kulinarisch • Japanisch • Javanisch • Jiddisch • Kantonesisch • Kasachisch • Katalanisch • Khmer • Kirgisisch • Kisuaheli • Kinyarwanda • *Kölsch* • Koreanisch • Kreol für Trinidad & Tobago • Kroatisch • Kurdisch • Laotisch • Lettisch • Lëtzebuergesch • Lingala • Litauisch • Madagassisch • Mazedonisch • Malaiisch • Mallorquinisch • Maltesisch • Mandinka • Marathi • Mongolisch • Nepali • Niederländisch – *Niederländisch Slang,* Flämisch • Norwegisch • Paschto • Patois • Persisch • Pidgin-English • *Plattdüütsch* • Polnisch • Portugiesisch • Punjabi • Quechua • *Ruhrdeutsch* • Rumänisch • Russisch • *Sächsisch* • *Schwäbisch* • Schwedisch • *Schwiizertüütsch* • *Scots* • Serbisch • Singhalesisch • Sizilianisch • Slowakisch • Slowenisch • Spanisch – *Spanisch Slang,* für Lateinamerika, für Argentinien, Chile, Costa Rica, Cuba, Dominikanische Republik, Ecuador, Guatemala, Honduras, Mexiko, Nicaragua, Panama, Peru, Venezuela, kulinarisch • Tadschikisch • Tagalog • Tamil • Tatarisch • Thai • Tibetisch • Tschechisch • Türkisch • Twi • Ukrainisch • Ungarisch • Urdu • Usbekisch • Vietnamesisch • Walisisch • Weißrussisch • *Wienerisch* • Wolof • Xhosa

OSTFRIESISCHE INSELN
0
25 km
N
NORDSEE
OSTFRIESISCHE INS
LANGEOOG
NORDERNEY
BALTRUM
JUIST
BORKUM
Neßmersiel
Bensersiel
Dornum
Esens
Norddeich
Norden
Westerholt
70
210
Georgsheil
72
Aurich
Eemshaven
72
Emden
Delfzijl
Ems
Appingedam
31
436
Bagband
Hesel
530
Dollart
NIEDERLÄNDE
72
Leer
Hoogezand-
Sappemeer
Zuidbroek
Scheemda
31
Ems

Amrum
St. Peter Ording
Tönning
HELGOLAND
Büsum
SCHARHÖRN
Wedel/ Hamburg
NEUWERK
ELN
Cuxhaven
WANGER-OOGE
SPIEKEROOG
Harlesiel
Neu-harlingersiel
Carolinensiel
27
461
Wittmund
Jever
Weser
Wilhelms-haven
Bremer-haven
Schortens
Sande
Nordenham
Jadebusen
436
71
212
437
Zetel
Wiesmoor
Varel
Rodenkirchen
437
Bockhorn
29
75
28
211
Apen
Westerstede
Weser
Oldenburg
Bremen

Register

Der Autor

Weit weg von Spiekeroog liegt Roland Hanewalds Geburtsort nicht, und an der Nordsee liegt er auch: Cuxhaven. Das Jahr war 1942, und danach wuchs der Knabe in Brake an der Weser auf. Der Jugend an der Waterkant hängte Hanewald alsdann 20 Jahre Seefahrt als Handelsmarineoffizier und einen langjährigen Aufenthalt im Inselstaat der Philippinen an. Erst in jüngerer Vergangenheit kehrte der Autor zur Nordseeküste zurück – alte Liebe rostet nicht. Seither ist er, in der Nähe von Neuenburg in der Friesischen Wehde ansässig, als Journalist und Schriftsteller tätig – sofern er nicht gerade eine seiner häufigen weltweiten Expeditionen unternimmt.

Der vorliegende Spiekeroog-Führer ist Hanewalds 41. Buch. Dazu gesellen sich über 1000 Beiträge in führenden Magazinen in 45 Ländern und 18 Sprachen.

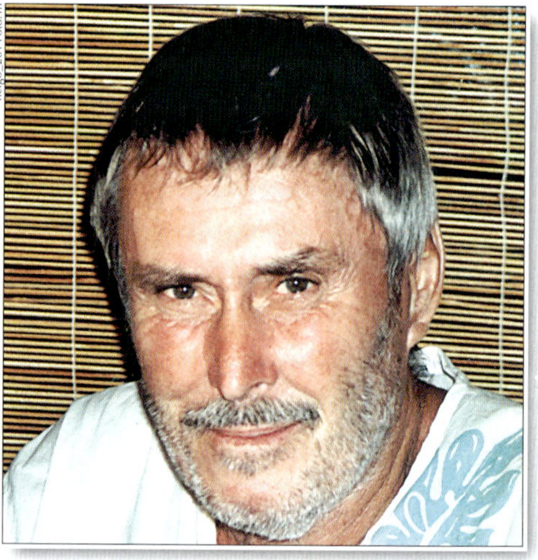

helgo_201 Foto: rh